AF461264

PROGRÈS DE L'INDUSTRIE

DES

MATIÈRES COLORANTES ARTIFICIELLES

EXTRAIT DES RAPPORTS DU JURY DE L'EXPOSITION UNIVERSELLE DE 1873

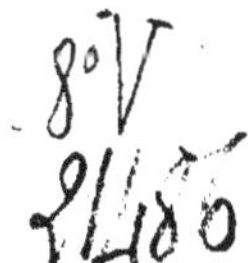

PARIS. — TYPOGRAPHIE LAHURE
Rue de Fleurus, 9

PROGRÈS DE L'INDUSTRIE

DES

MATIÈRES COLORANTES ARTIFICIELLES

BIBLIOTHÈQUE NATIONALE
R.F.
IMPRIMÉS

PAR

A. WURTZ

MEMBRE DE L'INSTITUT

OUVRAGE ACCOMPAGNÉ DE 5 PLANCHES GRAVÉES COMPRENANT ENSEMBLE 17 FIGURES

et de 29 échantillons de soie, de laine et de coton teints et fabriqués spécialement pour cet ouvrage

---

PARIS

G. MASSON, ÉDITEUR

LIBRAIRE DE L'ACADÉMIE DE MÉDECINE

PLACE DE L'ÉCOLE-DE-MÉDECINE, 17

M DCCC LXXVI

8° V
21486

TABLE DES MATIÈRES

NOTE

SUR LE TRAVAIL DES ÉCHANTILLONS

Les échantillons contenus dans ce rapport ont été spécialement teints dans ce but par MM. Hulot et Berruyer, teinturiers en **soies, laines et cotons**, à Puteaux (Seine).

Les échantillons d'**étoffes de soies** ont été teints en chaîne et trame, puis fabriqués après teinture par un fabricant de rubans de Saint-Étienne. Les échantillons de **laine** sont teints sur rubans de laine écrue. — Les échantillons de noir d'Aniline, noir d'Alizarine, violet et rouge d'Alizarine **sur cotons**, ont été teints sur tissu ruban, coton écru. Ces dernières teintures étant en dehors du travail habituel des ateliers de MM. Hulot et Berruyer, ont été faites dans leur laboratoire.

PROGRÈS DE L'INDUSTRIE

DES

MATIÈRES COLORANTES

ARTIFICIELLES

INTRODUCTION

Dix-sept ans se sont écoulés depuis que M. Perkin a réussi à obtenir, par des procédés industriels, la première matière colorante dérivée des carbures d'hydrogène contenus dans le goudron de houille. Deux ans plus tard, M. Verguin en découvrait une autre. La magnificence de ces produits a immédiatement fixé l'attention. La faveur dont ils ont d'abord joui, leur facile débit, leurs prix plus que rémunérateurs ont excité parmi les fabricants et les chimistes une vive émulation : une nouvelle industrie était née et elle était viable. Que de progrès accomplis depuis les tâtonnements et les succès des premiers jours, et quelle pléiade de matières colorantes sont venues s'ajouter au violet Perkin et à la fuchsine, complétant cette gamme riche et variée dont l'éclat rivalise avec celui de l'arc-en-ciel ! Les violets, les bleus et les verts d'aniline, le noir d'aniline, le violet Hofmann, le violet de Paris, le vert lumière, la safranine, et, dans ces derniers temps, les bleus de diphénylamine, ont fait successivement leur apparition : brillantes conquêtes qui ont été dépassées peut-être par la conquête de l'alizarine artificielle. Toutes sont dues à la science, et l'on chercherait vainement un second exemple d'un essor aussi rapide et d'un développement aussi fructueux des arts pratiques, sous l'influence du souffle vivifiant de la théorie. Ce point de vue reviendra quelquefois sous ma plume dans l'exposé que je vais faire, et où je m'attacherai à retracer brièvement les progrès qui ont été accomplis dans la fabrication des matières colorantes artificielles, depuis l'Exposition universelle de 1867.

Parmi ces matières colorantes, il convient de distinguer divers groupes : les unes se rattachent à l'aniline (phénylamine), à la toluidine, à la pseudotoluidine et à leurs dérivés alcooliques, c'est-à-dire aux dérivés méthylés, éthylés et phénylés de ces bases. D'autres dérivent de la naphtaline. Il en est qui se rattachent aux phénols. Enfin l'alizarine et la purpurine artificielles prennent une place à part : elles dérivent de l'anthracène.

La rosaniline, les violets Hofmann, le violet de Paris, les verts de méthylaniline, se rattachent au premier groupe, ainsi que les bleus de rosaniline (bleus de Ch. Girard et Delaire) et la safranine. Les bleus de rosaniline e forment par l'action de l'aniline sur la rosaniline; ils constituent un dérivé triphénylé de cette dernière matière, et, dans la réaction qui leur donne naissance, c'est le groupe phénylique de l'aniline qui vient se substituer à l'hydrogène de la rosaniline. Depuis quelque temps, on a réussi à obtenir de belles matières colorantes bleues, en prenant pour point de départ la diphénylamine et ses dérivés alcooliques. Ainsi, la préparation des bleus a suivi en quelque sorte la même évolution que celle des violets. Pour produire ces derniers, on a commencé par éthyler la rosaniline (Hofmann), comme on la phénylait pour obtenir le bleu. Aujourd'hui, on obtient les violets en oxydant la méthylaniline (Ch. Lauth), et les bleus en opérant directement sur la diphénylamine et sur ses dérivés.

Le vert lumière, qui remplace le vert à l'aldéhyde, se rapproche beaucoup des violets par sa constitution, et, de fait, une matière colorante verte se produit, en même temps que le violet Hofmann, par l'action de l'iodure d'éthyle sur la rosaniline.

On prépare actuellement le vert en faisant réagir un éther méthylique, tel que le nitrate ou le chlorure, sur la base du violet. Nous indiquerons plus loin les relations de composition qui existent entre tous ces corps.

Quant à la safranine, bien qu'elle appartienne au groupe de matières dérivées des monamines aromatiques, elle possède une constitution différente de celle des bases précédentes, et paraît se rapprocher de la mauvéine, qui n'est autre chose que le violet Perkin.

La rosanaphtylamine est une triamine qui possède sans doute une constitution analogue à celle de la rosaniline. Elle dérive de la naphtylamine, comme celle-ci dérive de l'aniline et de la toluidine. Elle est donc analogue aux triamines phénylées.

Un autre groupe de matières colorantes artificielles se rattache aux phénols, et ici, comme dans le cas précédent, il convient d'établir quelques sous-divisions suivant la nature du phénol dont dérive la matière colorante.

Le phénol ordinaire, ou acide phénique, sert toujours de matière première à la préparation de l'acide picrique, cette belle substance jaune dont l'emploi en teinture, indiqué pour la première fois par M. Guinon, est toujours très-répandu.

L'acide rosolique est un autre dérivé du phénol. Son emploi dans l'industrie remonte à un certain nombre d'années. Il constitue essentiellement la matière colorante connue sous le nom de coralline jaune, et qui, préparée à l'état de pureté, a pris le nom d'aurine.

La coralline rouge est l'amide rosolique. M. Jules Persoz l'a décrite autrefois sous le nom de péonine. L'azuline de MM. Guinon, Marnas et Bonnet, aujourd'hui remplacée par d'autres matières bleues, était l'anilide rosolique.

Enfin les combinaisons de l'acide rosolique avec les bases ont fait leur apparition sous forme de laques. Parmi ces dernières, la coralline magnésienne donne un produit d'un beau rouge.

Entre tous ces dérivés du phénol, dont la préparation à l'état de pureté était difficile ou impossible, faute de données certaines sur leur nature, la science est parvenue à établir un lien théorique qui a rendu plus faciles leur étude et leurs diverses applications.

Le crésol, l'homologue supérieur du phénol, fournit un dérivé dinitré, analogue à l'acide picrique, et dont un sel alcalin est livré au commerce sous le nom d'orange d'aniline.

L'orcine ou oxycrésol donne, comme on sait, par l'action de l'ammoniaque, l'orcéine, qui est la base de l'orseille. Depuis que MM. Vogt et Henninger ont produit l'orcine, par synthèse, on s'applique à rendre leur procédé accessible à l'industrie, et à fabriquer ainsi de toutes pièces la matière colorante de l'orseille.

Enfin le naphtol ou phénol naphtylique a fourni une matière colorante d'un grand éclat, le jaune de Manchester ou jaune de Martius, du nom de son inventeur. Ce dernier l'a obtenu d'abord comme un dérivé de la naphtylamine. Aujourd'hui, on l'obtient directement, selon les indications de MM. Darmstädter et Wichelhaus, en faisant agir l'acide nitrique sur l'acide sulfo-conjugué du naphtol. Le jaune de Manchester est le dinitronaphtol.

Ajoutons que les phénols ou diphénols dont il vient d'être question peuvent être produits artificiellement, à l'aide des hydrocarbures correspondants, grâce à un procédé indiqué par MM. Wurtz, Kekulé et Dusart.

Je termine cette rapide énumération par la mention de l'alizarine et de la purpurine artificielles. Ces deux principes colorants de la garance se rattachent l'un et l'autre à l'anthraquinone, produit d'oxydation de l'anthracène. Ils constituent donc un groupe particulier. Je décrirai avec soin la préparation de l'alizarine artificielle.

Les matières premières que l'industrie emploie pour la fabrication de ces riches produits sont retirées, sans aucune exception, du goudron de houille. L'exploitation de ce produit, qui était autrefois un embarras et une cause de perte, est devenue l'objet d'une industrie puissante et la source de bénéfices importants.

Le goudron est donc une matière précieuse qu'on conserve avec soin, et qu'on soumet à une série d'opérations savamment combinées pour l'obtention et la séparation des divers carbures d'hydrogène, tels que benzine, toluène, xylène, cumène, naphtaline, anthracène, pour la préparation du phénol et même celle de l'aniline, qu'on peut directement retirer du goudron.

Nous commencerons donc ce rapport par quelques indications relatives à la préparation industrielle de tous ces corps, qui sont autant de matières premières pour l'industrie des matières colorantes, et nous nous attacherons surtout à mentionner les nouveautés ou les perfectionnements récemment introduits dans les procédés anciens[1].

[1] L'auteur de ce Rapport doit un grand nombre d'informations précieuses à M. Charles Girard. Il le prie d'agréer ses remerciements, et souhaite vivement que ce chimiste distingué fournisse une carrière qui soit en rapport avec l'importance de ses découvertes et des services qu'il a rendus à l'industrie.

CHAPITRE PREMIER

EXPLOITATION DU GOUDRON DE HOUILLE EN VUE DE LA FABRICATION DES MATIÈRES PREMIÈRES

SERVANT DANS L'INDUSTRIE DES COULEURS ARTIFICIELLES.

I

NATURE ET COMPOSITION DES GOUDRONS

Le goudron est un produit de condensation noir, fluide, plus ou moins épais, qui résulte de la distillation sèche de diverses matières d'origine minérale, végétale ou animale, telles que la houille, le boghead, les lignites, les schistes, la tourbe, le bois, les os. A ces matières il convient d'ajouter divers autres produits naturels ou artificiels qui donnent à la distillation sèche une quantité plus ou moins considérable de goudron, indépendamment d'autres matériaux offrant une plus grande valeur. Parmi ces produits nous citerons diverses résines végétales, les pétroles, naphtes, asphaltes, bitumes, l'ozokérite, etc.

La composition des goudrons varie suivant la nature de la substance soumise à la distillation, et aussi suivant les procédés employés et la température atteinte. Nous ne considérerons ici que les goudrons obtenus par la distillation des bois, de la tourbe, des lignites, du boghead et de la houille. Avant de traiter du goudron de houille, nous donnons ici quelques renseignements sur les produits similaires obtenus dans ces diverses opérations.

Goudrons de bois.

On obtient les goudrons de bois soit comme produits accessoires de la fabrication de l'acide pyroligneux, soit comme produit principal dans la distillation des bois de pin ou de sapin qui ont fourni la térébenthine par un traitement préalable. Le goudron obtenu par la distillation du bois diffère de celui que l'on recueille dans certains procédés de carbonisation du bois en meules. Le premier est noir, fluide, analogue par son odeur au goudron de houille. Dans la distillation du bois, le rendement en goudron est peu considérable : 100 parties de bois en donnent de 7 à 10 parties, pour 28 à 30 parties d'une eau acide renfermant de l'acide pyroligneux, de l'esprit de bois, de l'acétate de méthyle, de l'acétone, etc. Ce goudron renferme beaucoup de naphtaline. Celui qui provient de la carbonisation du bois en meules est beaucoup moins coloré, presque sirupeux. Son odeur est moins âcre. Il renferme de la paraffine.

Lorsqu'on soumet le goudron de bois à la distillation, il fournit d'abord une eau acide; puis successivement une huile plus légère et une huile plus lourde que l'eau. L'huile légère renferme, indépendamment de quelques produits oxygénés très-volatils, tels que l'esprit de bois, l'acétate de méthyle, l'acétone, les principaux hydrocarbures qui existent dans le goudron de houille, savoir : la benzine, le toluène, le xylène, le mésitylène. Parmi les produits oxygénés contenus dans ces huiles, il faut signaler divers phénols et oxyphénols, dont voici l'énumération :

Phénol.	C^6H^6O
Crésol.	C^7H^8O
Phlorol.	$C^8H^{10}O$
Oxyphénol ou pyrocatéchine.	$C^6H^6O^2$
Méthyloxyphénol.	$C^7H^8O^2$
Gaïol.	
Homopyrocatéchine.	$C^7H^8O^2$
Dérivé méthylé de l'homopyrocatéchine. . .	$C^8H^{10}O^2$

Le mélange de ces divers corps est connu depuis longtemps sous le nom de *créosote*. Le goudron qui les fournit est principalement obtenu par la distillation du bois de hêtre.

Le goudron de pin et de sapin est obtenu, dans certaines usines d'Allemagne et de Suisse, comme produit accessoire de la fabrication du gaz de l'éclairage, par la distillation des bois de pin et de sapin. On augmente le pouvoir éclairant de ce gaz en faisant passer les produits de la distillation, au sortir de la cornue, dans des tubes réfractaires chauffés au rouge. Les goudrons ainsi obtenus sont riches en huiles légères. La composition de ces goudrons de pin est analogue à celle des autres goudrons de bois. Fritzsche y a rencontré un carbure d'hydrogène solide, le rétène $C^{18}H^{18}$. Comme ils sont riches en toluène, on peut espérer y découvrir de l'anthracène.

On fabrique en Russie, par distillation de l'écorce de bouleau, un goudron vert qu'il est difficile de se procurer à l'état de pureté. L'huile légère qu'on obtient en le rectifiant ne paraît pas renfermer d'hydrocarbures benzéniques : elle contient un phénol particulier, auquel le cuir de Russie paraît devoir son odeur agréable.

Les goudrons de bois sont généralement employés comme enduits pour la conservation des bois. Leur production n'est pas assez abondante pour qu'on puisse en retirer les hydrocarbures qu'ils renferment.

Mentionnons, en terminant, le goudron qui résulte de la distillation des fucus et algues desséchés et comprimés, opération qui est pratiquée par la British Seaweed Company à Dalmuir, près Glascow. Divers produits résultant de cette intéressante fabrication ont figuré à l'Exposition de Vienne.

Goudron de lignites.

Depuis que l'exploitation des pétroles a pris une si grande extension, l'industrie de la distillation des lignites, des schistes et surtout des tourbes, a perdu en importance. Les goudrons que l'on obtient dans ces diverses opérations offrent une composition assez semblable.

Lorsqu'on les soumet à la distillation, ils fournissent des huiles légères (photogène) en proportion relativement considérable, des huiles lourdes, et, à la fin, des huiles tenant beaucoup de paraffine en dissolution (huiles paraffineuses) ; le dernier produit est la paraffine. La présence de ce corps oblige à recevoir les produits dans des appareils de condensation pouvant être chauffés. En soumettant ces diverses huiles à des traitements chimiques et à des rectifications, on en extrait des produits propres à l'éclairage (photogène, huile solaire) et au graissage. Les huiles légères renferment, indépendamment des carbures benzéniques, des hydrocarbures saturés de la série grasse. La naphtaline y fait généralement défaut et est remplacée par la paraffine. C'est grâce à la présence de ce produit dans les goudrons provenant de la distillation des lignites que cette industrie a pu se maintenir florissante dans certaines localités, particulièrement dans la province de Saxe-Thuringe, entre les villes de Halle, Weissenfels et Zeitz. On y exploite des amas ou des bancs d'une lignite pulvérulente, d'un brun clair, et qui renferme jusqu'à 11 p. 100 d'hydrogène. On sépare avec soin cette lignite (*Schmierkohle* ou *Schwefelkohle*) d'un produit plus foncé (*Feuerkohle*) qui l'accompagne. Exposée à la flamme d'une bougie, elle fond comme la cire à cacheter. L'alcool en extrait une résine fusible à 70 degrés. Chauffée au rouge sombre dans des cornues de fer, cette lignite fournit près de 10 p. 100 d'un goudron peu coloré et léger, qui renferme une si forte proportion de paraffine, qu'il conserve, même en été, une consistance butyreuse. La production de ce goudron, en 1871, dans les diverses usines de la province, s'est élevée à 704,349 quintaux. Le docteur B. Hübner a notablement amélioré l'exploitation de ce goudron, en réduisant le nombre des rectifications et en distillant sur de la chaux le goudron préalablement traité par l'acide sulfurique. Les produits de cette belle industrie, photogène, huile solaire, huile paraffinée et paraffine, figuraient à l'Exposition de Vienne.

La paraffine obtenue présente, suivant son degré de pureté, des qualités différentes. L'une est dure, fusible de 45 à 60 degrés. Elle sert à la fabrication des bougies. L'autre est molle et très-fusible (32 à 45 degrés) : on l'emploie dans la fabrication des allumettes, et aussi pour la mélanger à la cire et à l'acide stéarique, dont elle empêche la cristallisation.

Goudron de boghead.

La distillation du boghead s'effectue toujours sur une grande échelle en Angleterre, par les soins d'une puissante compagnie qui a pris le nom du créateur de cette industrie (Young's Paraffin, Light and Mineral Oil Company). On exploite le schiste bitumineux connu sous le nom de boghead soit en vue de la préparation d'un gaz très-éclairant, soit pour obtenir des goudrons propres à la fabrication des huiles d'éclairage. Dans le second cas, la distillation doit être effectuée à une température de beaucoup inférieure à celle qui sert pour la production du gaz (400 à 450 degrés). On se sert fréquemment, pour opérer cette distillation, de cornues chauffées dans un bain de plomb fondu; on peut aussi distiller le boghead dans un courant de vapeur d'eau surchauffée. On augmente ainsi le rendement en huiles légères, et l'on en améliore la qualité. Le résidu de la distillation, composé de charbon et de matières minérales, possède des propriétés désinfectantes et absorbantes qui le font rechercher comme succédané du charbon animal.

Le goudron de boghead renferme une proportion notable d'huiles légères, propres à l'éclairage; mais les traitements qu'on est obligé de faire subir aux huiles brutes, et qui sont analogues à ceux que nous décrirons plus loin à propos du goudron de houille, diminuent notablement le rendement. 100 parties de boghead fournissent environ 40 parties de goudron et 12 kilogrammes d'huiles légères propres à l'éclairage. Pour porter ce rendement à 18 pour 100, on soumet les huiles brutes à un traitement préalable à l'acide sulfurique, puis à la chaux hydratée, et on rectifie ensuite.

Les huiles légères de boghead renferment un grand nombre d'hydrocarbures appartenant à diverses séries. On y rencontre les hydrocarbures homologues de l'éthylène, des hydrures de la série $C^n H^{2n+2}$ et des carbures benzéniques. On emploie ces huiles légères pour l'éclairage ou pour l'extraction de la benzine par les procédés qui seront décrits plus loin. Quand les huiles légères ont passé à la distillation, il est nécessaire de maintenir les serpentins à une température suffisante pour éviter la solidification de la paraffine. Les huiles paraffineuses épurées par un traitement convenable à l'acide sulfurique, puis à la chaux, laissent déposer de la paraffine lorsqu'on les maintient à une basse température.

Goudron de houille.

Le goudron de houille est produit aujourd'hui en quantités immenses, soit qu'il résulte de la fabrication du gaz, dont il constitue un produit accessoire autrefois sans valeur, soit qu'on l'obtienne dans la fabrication du coke métallurgique. Cette fabrication se fait aujourd'hui sur une grande échelle, grâce aux indications fournies par MM. Powels et Dubochet et par M. Knab. On se sert de grands fours disposés de manière que le goudron puisse être recueilli et que les gaz produits dans l'opération puissent servir au chauffage de ces fours à coke. Les plus employés aujourd'hui sont les fours dits belges, généralement accouplés au nombre de vingt-cinq. Le coke métallurgique ainsi produit est de bonne qualité.

Le charbon de terre fournit par la distillation de 4 à 5 pour 100 de goudron. En raison de l'extension qu'a prise de nos jours cette opération, la production et l'exploitation du goudron ont pris un développement considérable.

L'Angleterre seule en produit de 120,000 à 130,000 tonnes. La Belgique 10,000 tonnes; la France de 30,000 à 35,000 tonnes. La Compagnie parisienne de l'éclairage au gaz en réunit environ 25,000 tonnes par an. M. Dehaynin en distille 14,000 tonnes. Avant la création des nouvelles industries qui tirent tant de richesses de ce produit autrefois gênant, le prix du goudron ne dépassait pas 6 à 10 francs les 1,000 kilogrammes. Aujourd'hui, il vaut de 60 à 90 francs la tonne.

La composition du goudron a été l'objet d'un grand nombre de travaux, et cette composition varie suivant la nature du charbon qui a été soumis à la distillation et aussi suivant le procédé employé. Ainsi, le goudron obtenu dans la fabrication du coke métallurgique renferme moins de benzine et plus de toluène que l'autre. Il est pauvre en phénol et contient une proportion assez notable d'un phénol supérieur. Faisant abstraction de ces différences, nous indiquerons ici d'une manière générale la composition du goudron de houille, en distinguant immédiatement les produits suivant leur degré de volatilité, distinction importante au point de vue de la fabrication.

Le goudron de houille renferme des carbures d'hydrogène appartenant à diverses séries, des phénols, des bases diverses.

Voici l'énumération des carbures d'hydrogène qu'on a retirés des premiers produits de la distillation;

CARBURES D'HYDROGÈNE CONTENUS DANS LES HUILES LÉGÈRES.

HYDROCARBURES C^nH^{2n}.		POINTS D'ÉBULLITION.
Amylène.	C^5H^{10}. . . .	35°
Hexylène.	C^6H^{12}. . . .	71°
Heptylène ou œnanthylène. . . .	C^7H^{14}. . . .	95 à 99

HYDROCARBURES C^nH^{2n+2}.		POINTS D'ÉBULLITION.
Hydrure d'amyle.	C^5H^{12}. . . .	30°
Hydrure d'hexyle.	C^6H^{14}. . . .	68 à 70°
Hydrure d'heptyle.	C^7H^{16}. . . .	98 à 99°
Hydrure d'octyle.	C^8H^{18}. . . .	119 à 120°

HYDROCARBURES C^nH^{2n-6}.		POINTS D'ÉBULLITION.
Benzine.	C^6H^6. . . .	82°
Toluène.	C^7H^8. . . .	110 à 111°
Xylène.	C^8H^{10}. . . .	139°
Cumène.	C^9H^{12}. . . .	166°
Cymène.	$C^{10}H^{14}$. . . .	180°

A ces carbures il faut en ajouter quelques-uns qui appartiennent à d'autres séries, tels que le cinnamène ou styrolène C^8H^8 et l'hydrure de cinnamène C^8H^{10}.

Indépendamment de ces carbures d'hydrogène, les premiers

produits de la distillation, qu'on désigne sous le nom d'*huiles* ou *essences légères*, renferment encore d'autres substances, notamment des phénols et diverses bases, parmi lesquelles l'aniline a été signalée depuis longtemps. Ces produits, accompagnés de divers carbures d'hydrogène, se rencontrent aussi dans les huiles qui passent à la distillation après les huiles légères et qu'on nomme *huiles lourdes*.

Ces dernières renferment les matériaux suivants :

MATÉRIAUX CONTENUS DANS LES HUILES LOURDES.

CARBURES D'HYDROGÈNE.		POINTS D'ÉBULLITION.
Naphtaline	$C^{10}H^{8}$	212°
Dihydrure de naphtaline	$C^{10}H^{10}$	205°
Tétrahydrure de naphtaline	$C^{10}H^{12}$	195°

PHÉNOLS.		POINTS D'ÉBULLITION.
Phénol	$C^{6}H^{6}O$	188°
Crésol	$C^{7}H^{8}O$	203°
Phlorol	$C^{8}H^{10}O$	»

BASES VOLATILES.		POINTS D'ÉBULLITION.
Cespidine	$C^{5}H^{13}Az$	95°
Aniline	$C^{6}H^{7}Az$	182°
Pyridine	$C^{5}H^{5}Az$	115°
Picoline	$C^{6}H^{7}Az$	134°
Lutidine	$C^{7}H^{9}Az$	154°
Collidine	$C^{8}H^{11}Az$	170°
Parvoline	$C^{9}H^{13}Az$	188°
Coridine	$C^{10}H^{15}Az$	211°
Rubidine	$C^{11}H^{17}Az$	230°
Viridine	$C^{12}H^{19}Az$	251°
Leucoline	$C^{9}H^{7}Az$	235°
Iridoline	$C^{10}H^{9}Az$	260°
Cryptidine	$C^{11}H^{11}Az$	»

La troisième liste comprend des alcaloïdes appartenant à des séries diverses, et qui, pour la plupart, ne sont contenus dans le goudron de houille qu'en très-petite quantité. Parmi les produits azotés non basiques, on doit mentionner d'une manière spéciale un corps neutre et volatil, le pyrrhol C^4H^5Az (point d'ébullition, 133 degrés).

Enfin des carbures d'hydrogène plus comp exes, solides et à point d'ébullition très-élevé, se rencontrent dans les derniers produits de la distillation du goudron, produits qui ont passé au-dessus de 300 degrés. Les huiles qui distillent entre 300 et 400 degrés offrent, après le refroidissement, une consistance butyreuse. On les désigne sous le nom d'*huiles à anthracène*, parce qu'on en retire ce précieux corps, qui est la matière première de la fabrication de l'alizarine artificielle. L'anthracène est accompagné, dans ces huiles, des carbures d'hydrogène suivants :

CARBURES D'HYDROGÈNE DES HUILES A ANTHRACÈNE.		POINTS D'ÉBULLITION.
Acénaphtène	$C^{12}H^{10}$	284 à 285°
Fluorène	»	305°
Anthracène	$C^{14}H^{10}$	360°
Phénanthrène	$C^{14}H^{10}$	»
Dihydrure d'anthracène	$C^{14}H^{12}$	»
Tétrahydrure d'anthracène	$C^{14}H^{14}$	»
Méthylanthracène (paranaphtaline)	$C^{15}H^{12}$	»
Pyrène	$C^{16}H^{10}$	au-dessus de 360°
Chrysène	$C^{18}H^{12}$	350°
Succistérène	»	»
Bitumène	»	»
Rétène	$C^{18}H^{18}$	»

Tels sont les nombreux corps qu'on a retirés du goudron de houille. Il est important de faire remarquer que la distribution de tous ces corps dans les produits des divers fractionnements que l'on obtient dans la distillation du goudron, huiles légères, huiles lourdes, etc., n'est pas aussi régulière que nous l'avons indiqué ici, et que pourrait le faire supposer la considération des points d'ébullition. On sait, en effet, que, lorsqu'on distille de tels mélanges, les séparations ne s'effectuent pas rigoureusement suivant le degré de volatilité, les essences les plus volatiles entraînant des produits qui le sont moins, et que ces entraînements se font suivant les valeurs des tensions partielles dans le mélange des vapeurs. Ainsi, pour prendre un exemple, le cymène, qui ne bout qu'à 180 degrés, possède néanmoins, à 110 degrés, une certaine tension de vapeur. Une partie de cet hydrocarbure doit donc passer avec le toluène bouillant à 110 degrés, d'où il résulte que les essences légères qu'on recueille avant 125 degrés renferment nécessairement des produits à point d'ébullition beaucoup plus élevés. D'un autre côté, ces derniers produits retiennent des corps plus volatils.

Parmi tous les corps que nous venons d'énumérer, les plus importants sont la benzine et ses homologues, qu'on désigne souvent sous le nom de carbures benzéniques; ensuite viennent le phénol, la naphtaline et l'anthracène. Tous les goudrons de houille ne renferment pas ces divers corps dans les mêmes proportions. Suivant la nature du charbon qui a été soumis à la distillation, et suivant le procédé employé pour faire cette opération, les goudrons fournissent des proportions variables d'huiles légères, d'huiles lourdes, dans lesquelles les principes énumérés plus haut abondent plus ou moins.

Sans vouloir citer ici de nombreuses analyses de goudron. nous donnerons celles qui ont été publiées par M. C. Calvert, auquel l'industrie dont il s'agit est redevable de travaux importants, et qu'une mort prématurée a enlevé peu de temps après son retour de Vienne, où il s'était rendu comme membre du Jury international. Ces analyses concernent des goudrons obtenus en Angleterre.

	HUILES LÉGÈRES	PHÉNOLS	HUILES LOURDES	NAPHTALINE	RÉSIDUS
Wigan cannel coal.	9	14	40	15	22
Newcastle.	2	5	12	58	23
Staffordshire.	5	9	35	22	29

Le résidu de la distillation du goudron est ce qu'on nomme le *brai*. Certains goudrons en donnent une proportion beaucoup plus considérable que les goudrons anglais analysés par M. Calvert. Voici un rendement moyen qui diffère beaucoup de celui qui a été donné par ce chimiste :

Huile légère à 25 degrés.	1,80	à	2
Huile lourde.	24,00	à	26
Huile à anthracène..	0,95	à	1
Brai..	66,00	à	65
Perte (eau, etc.)..	7,25	à	6
	100,00		100

Ce goudron est, comme on voit, pauvre en produits très-volatils (huile ou essence légère). Généralement les goudrons en donnent de 4 à 5 pour 100. La proportion des huiles lourdes est toujours beaucoup plus considérable.

Voici un autre dosage rapporté à 1,000 kilogrammes de goudron bien desséché. On a eu soin d'y séparer les essences de naphte les plus légères des huiles à benzol, et d'indiquer en même temps la valeur approximative de ces divers produits.

1,000 kilogrammes de goudron bien desséché produisent :

Eau ammoniacale.	14k
Essence de naphte.	20 à 40k
Huiles légères à benzol.	70 à 80k
Huiles lourdes phéniquées.	320 à 350k
Graisse verte à 10 p. 100 d'anthracène. .	100 à 110k
Brai sec.	350k

1,000 kilogrammes de goudron à 9 francs les 100 kilogrammes, soit 90 francs la tonne, produisent :

Eau ammoniacale.	(pour mémoire)
Essence de naphte, 20 kilogr. à 50 fr. les 100 kil. . .	10 fr. 00
Huile à benzol, 70 kilogr. à 50 fr.	35 00
Huiles lourdes, 320 kilogr. à 15 fr..	48 00
Graisse verte à 10 p. 100 d'anthracène, 100 kilogr. à 60 fr.	60 00
Brai sec, 350 kilogr. à 5 fr..	17 50
Valeur des produits retirés de 1,000 kilogr. de goudron.	170 fr. 50

Depuis quelques années, la Compagnie parisienne du gaz produit un goudron liquide, très-riche en huiles légères. Ce goudron est obtenu par un procédé nouveau d'épuration du gaz, qui est dû à MM. E. Pelouze et P. Audouin.

Les travaux du Jury international étaient à peu près terminés lorsqu'il a eu communication de ce procédé, sur lequel il lui a été impossible de statuer. Cette circonstance nous engage à le décrire ici, afin qu'il reçoive la publicité qui fera apprécier son mérite.

On sait que le gaz entraîne, même après son refroidissement, des parties goudronneuses qui ne se déposent qu'incomplétement dans les colonnes à coke, appareils gênants par leurs dimensions, irréguliers dans leur action et sujets à des obstructions fréquentes. Avant l'application du procédé dont il s'agit, les parties goudronneuses se déposaient dans la masse solide qui sert à l'épuration du gaz, et qui est composée, comme on sait, d'un mélange de sulfate de fer, de chaux et de sciure de bois. Cela dit, voici la description du nouveau procédé.

Procédé de MM. Pelouze et Audouin pour la condensation des dernières parties du goudron que le gaz entraîne.

Ce goudron est contenu dans le gaz impur sous la forme d'un brouillard jaunâtre composé de gouttelettes très-fines. Lorsqu'on reçoit sur un morceau de papier blanc un jet de gaz impur, les gouttelettes s'écrasent et s'étalent à la surface du papier qui sert d'écran, et celui-ci se couvre au bout de quelques instants d'une tache noire de goudron. C'est sur cette observation que MM. Pelouze et Audouin ont fondé un procédé fort ingénieux pour la condensation des dernières parties du goudron.

Le gaz qu'il s'agit de purifier passe par une série de trous d'un diamètre de 1 millimètre et demi, percés dans une plaque de laiton (planche I, fig. 2 et 3), et les jets ainsi divisés frappent les pleins d'une autre plaque de laiton placée à une distance de 1 millimètre et demi de la première et percée d'un égal nombre de trous. Mais, comme ces trous ne correspondent pas à ceux de la première plaque, le jet de gaz frappe contre une surface plane, de manière à produire l'aplatissement et la réunion des gouttelettes de goudron. Après avoir traversé les trous de la seconde plaque, le gaz rencontre le plein d'une troisième plaque pareillement percée, et ces deux contacts suffisent pour le débarrasser des parties goudronneuses. Un jet de gaz ainsi épuré, lorsqu'on le projette pendant quelques instants sur un écran de papier, ne souille plus ce dernier.

Le système de plaques est placé verticalement dans une cloche disposée dans l'intérieur d'un condensateur (planche I, fig. 1). Cette cloche plonge dans un bain de goudron dans lequel s'écoule celui qui se condense et qui ruisselle à la surface des plaques, le trop-plein se déversant continuellement dans un réservoir extérieur.

Le passage du gaz à travers les trous et son choc contre les surfaces des plaques donne lieu à une certaine perte de pression. Il est donc nécessaire de le pousser à travers le système de plaques. Pour cela, des pompes viennent puiser le gaz dans les appareils où il se refroidit, et le poussent, sous une pression de quelques décimètres d'eau, dans le condensateur de MM. Pelouze et Audouin, au sortir duquel il se rend dans les appareils épurateurs. Et il est à remarquer que, la masse destinée à l'épuration (page 20) ne s'obstruant et ne s'agglomérant plus par suite des dépôts de goudron, la filtration du gaz à travers cette masse exige une pression moindre qu'autrefois.

L'appareil de MM. Pelouze et Audouin, que nous venons de décrire, fonctionne déjà dans un grand nombre d'usines à gaz en France et à l'étranger. A l'usine à gaz des Ternes de la Compagnie parisienne, où l'on fabrique par jour 80,000 mètres cubes de gaz, cet appareil permet de recueillir journellement 600 litres d'un goudron léger et très-riche en essence légère, car il en renferme jusqu'à 20 p. 100, alors que le goudron ordinaire n'en contient que de 3 à 5 p. 100.

Les faits que nous venons d'exposer concernant l'origine, la nature et la composition des goudrons, nous permettent d'aborder maintenant l'exposé des procédés qui servent à l'exploitation du goudron de houille, le seul qui fournisse des matières premières aux industries tinctoriales. Nous décrirons ces procédés sommairement, en insistant particulièrement sur les modifications et perfectionnements dont ils ont été l'objet dans ces derniers temps.

II

DISTILLATION DU GOUDRON DE HOUILLE

Les procédés d'exploitation du goudron de houille se sont modifiés sensiblement depuis que les dernières huiles qui résultent de sa distillation sont employées pour la préparation de l'anthracène, et aussi par suite de la nécessité de préparer des alcaloïdes purs dont l'emploi est réclamé par certaines industries. Rappelons brièvement comment s'exécute la distillation du goudron. Comme ce produit retient en suspension une certaine quantité des eaux ammoniacales avec lesquelles il s'est condensé, et que la vaporisation de cette eau interposée pendant la distillation donnerait lieu à des boursouflements dangereux, il est nécessaire d'en priver le goudron avant de le distiller.

Cette *déshydratation* s'effectue en chauffant lentement le goudron à 80 ou 90 degrés, dans de grandes chaudières en tôle, à double fond, où l'on fait arriver de la vapeur d'eau. Dans ces conditions, le goudron fluidifié monte à la surface; une partie des huiles les plus volatiles se volatilise et est condensée. Au bout de vingt ou trente heures, la séparation est assez complète pour qu'on puisse soutirer, au moyen d'un robinet de vidange, l'eau qui s'est rassemblée à la partie inférieure de la chaudière. Le goudron encore chaud est porté de là dans les chaudières où doit s'opérer la *distillation*.

Cette opération s'exécute dans des chaudières en tôle forte, cylindriques et à fond concave. Le fond, plus exposé que les parois, est renforcé. Les chaudières, d'une capacité de 20 à 30 mètres cubes, sont rangées en batterie dans un four en maçonnerie. Elles sont placées horizontalement avec une légère inclinaison du côté du robinet de vidange. Chacune d'elles repose sur une voûte en briques qui la protége contre l'action directe de la flamme. Les gaz de la combustion, après avoir pénétré dans des carneaux superposés, arrivent au contact de la chaudière dont ils chauffent la partie inférieure seulement. A mesure que le niveau du goudron y descend, on bouche les carneaux supérieurs de manière à ne pas surchauffer les parois. Dans certaines usines, les chaudières sont chauffées à feu nu. En Angleterre, quelques distillateurs ont muni leurs chaudières d'agitateurs mécaniques, dans le but de prévenir la surchauffe, lorsque l'opération est poussée très-loin pour la production de l'anthracène. A la partie supérieure, les chaudières sont munies d'un trou d'homme qui sert à les charger et à les nettoyer. Elles sont surmontées d'un chapiteau qui livre passage aux vapeurs, et qui communique par de longs tubes avec plusieurs serpentins réfrigérants où se condensent les vapeurs. A la base du chapiteau règne une gorge qui reçoit le liquide condensé sur les parois; des tuyaux déversent directement ce liquide dans les serpentins.

Les produits condensés coulent dans des récipients. A l'aide de robinets convenablement placés, l'ouvrier peut faire changer le cours des vapeurs et les diriger à volonté dans tel ou tel serpentin, disposition qui permet d'opérer les premiers fractionnements pendant la distillation même du goudron. La marche de cette distillation et la température de la vapeur sont d'ailleurs indiquées par un thermomètre qui plonge, par une tubulure, dans l'intérieur du chapiteau.

Ces dispositions permettent d'opérer plusieurs fractionnements. Le nombre de ces derniers varie suivant la nature du goudron et aussi suivant le point où l'on arrête la distillation. En tout cas, on recueille des *huiles légères* et des *huiles lourdes*.

On désigne ordinairement sous le nom d'*huiles légères* les produits qui passent à la distillation entre 60 et 200 degrés, et qui offrent la composition indiquée ci-dessus. Souvent on les partage en deux fractions, en recueillant séparément les produits qui passent avant 140 ou 150 et les produits passant entre 150 et 200 degrés. Les huiles de premier fractionnement constituent les *essences légères*. Ces huiles sont limpides, très-fluides, d'une densité qui varie entre 0,780 et 0,850. Elles marquent 25 ou 26 degrés à l'aréomètre (lequel marque 10 degrés dans l'eau pure). Le serpentin où elles se condensent est complétement refroidi par un courant d'eau froide qui marche en sens inverse du courant de vapeur. Les huiles de deuxième fractionnement ou *huiles moyennes*, qui passent entre 150 et 200 degrés, possèdent une densité de 0,830 à 0,890. Elles marquent 15 degrés à l'aréomètre.

La proportion des huiles légères qu'on peut extraire du goudron est très-variable. Elle ne dépasse généralement pas de 5 à 6 p. 100, mais il est des goudrons qui en donnent beaucoup moins. Dans la distillation de ces goudrons pauvres, on se contente d'un seul fractionnement, recueillant ensemble tout ce qui passe avant 200 degrés.

Les *huiles lourdes*, qui passent à une température supérieure à 200 degrés, marquent 5 degrés à l'aréomètre ou davantage, suivant la température où la distillation a été poussée. Le serpentin qui les condense est formé par un large tube et baigne dans de l'eau à 60 ou 70 degrés. Sans cette précaution, les produits solides, et surtout la naphtaline que renferment ces huiles, pourraient se déposer et obstruer les tuyaux. Les huiles lourdes sont le produit le plus abondant de la distillation du goudron, qui en fournit aisément 24 à 25 p. 100 de son poids. Mais il s'en faut qu'on en sépare toujours toute l'huile lourde qu'il peut fournir. En arrêtant la distillation à

200 degrés, on obtient pour résidu un *brai liquide* ou du moins pâteux à froid et qui renferme toutes les huiles lourdes. On reçoit directement ce brai liquide, au sortir de la chaudière, dans des tonnes en fer qui servent à l'expédier aux fabricants de charbon de Paris. En poussant la distillation plus loin, on obtient pour résidu le *brai gras*, qui renferme encore une certaine quantité d'huiles lourdes. Enfin le *brai sec* résulte d'une distillation poussée jusque vers 350 ou 400 degrés.

Aujourd'hui, en vue de l'obtention des huiles à anthracène, on pousse généralement la distillation jusqu'à cette dernière limite, qui est atteinte dans l'usine de la Compagnie parisienne du gaz.

Les huiles qui passent à la distillation à ces températures élevées présentent, après le refroidissement, une consistance butyreuse et un aspect verdâtre (p. 34). Ce sont les *huiles à anthracène*. On les recueille à part.

A 400 degrés, on arrête la distillation, à moins que l'on ne veuille sacrifier le brai, comme nous le dirons plus loin. Le résidu de la chaudière est encore fluide à cette haute température. On l'évacue tout chaud par les robinets de vidange, qui doivent être placés du côté opposé des foyers et complétement isolés de la chaudière et de son foyer. Au moment de la coulée, le brai émet, en effet, des vapeurs lourdes et jaunes qu'il serait dangereux d'appeler du côté du feu. Dans les usines de la Compagnie parisienne, le brai se rend d'abord dans des étouffoirs en tôle où sa température s'abaisse de 400 à 200 degrés. De là, il se rend dans une grande chambre en tôle qui reçoit le brai de toutes les cornues. Il en sort à 120 degrés encore fluide, pour couler lentement dans de grands réservoirs creusés à ciel ouvert.

Le brai a reçu, comme on sait, de nombreuses applications. Il sert, comme une sorte d'asphalte artificiel, à la construction de trottoirs, de couvertures. On l'emploie pour imprégner des briques ou des pierres qu'on veut rendre imperméables. Mais son principal usage consiste dans la fabrication des combustibles agglomérés.

Nous avons décrit plus haut les appareils et procédés les plus généralement employés pour la distillation du goudron. Nous passerons sous silence la description des variantes et des essais qui ont eu pour but, soit de faciliter le dégagement des vapeurs par l'injection de vapeur d'eau, ou leur fractionnement dans des cylindres disposés verticalement comme des appareils à colonne, soit de rendre l'opération continue en introduisant continuellement le goudron à une extrémité et en faisant sortir le brai par l'autre. Jusqu'ici ces diverses dispositions n'ont pas répondu à l'attente des inventeurs.

III

TRAITEMENT DES HUILES LEGÈRES

Les essences légères provenant du premier fractionnement des produits de la houille, étant soumises à une rectification, passent entre + 30 et 150 degrés environ. On en distille les deux tiers, et l'on réunit le reste aux produits du deuxième fractionnement (150 à 200 degrés environ). Aux deux tiers qui ont passé au-dessous de 120 degrés, on ajoute les essences de même nature provenant des huiles du deuxième fractionnement, lesquelles, étant soumises à la rectification, fournissent une certaine quantité d'essence passant au-dessous de 120 degrés. Ces essences rectifiées ont besoin d'être soumises à un traitement chimique propre à les débarrasser des hydrocarbures de la série grasse, des alcaloïdes et des phénols qu'elles renferment en petite quantité. Pour cela, on les agite d'abord avec 5 p. 100 de leur poids d'acide sulfurique. L'opération s'effectue dans des *batteuses*, vases en bois doublés de plomb et dont l'axe reçoit un agitateur à palettes de bois. L'acide sulfurique, en absorbant les hydrocarbures de la série grasse (p. 14) et en fixant les alcaloïdes, s'épaissit et se colore en même temps qu'il se forme une certaine quantité d'acide sulfureux. Après ce traitement à l'acide, on laisse reposer le tout pendant vingt-quatre heures, puis on décante et on soumet l'essence ainsi purifiée à un traitement alcalin destiné à enlever les phénols et les acides sulfo-conjugués qui ont pu se former dans l'opération précédente. Pour cela, on bat les essences avec 2 p. 100 environ d'une lessive de soude à 40 degrés. Les lessives ainsi chargées de phénols servent pour la préparation de l'acide phénique.

Les essences sortant des batteuses sont soumises à de nouvelles rectifications dans des alambics en cuivre de moindres dimensions que les chaudières qui servent à la première rectification. Les serpentins sont en étain. La forme de ces appareils varie. Généralement l'alambic est surmonté d'un condensateur de forme cylindrique qui est entouré d'eau, et dont la partie supérieure est en communication avec le tube qui conduit les vapeurs dans le serpentin. L'eau qui entoure les condensateurs s'échauffe à mesure que la température de la vapeur s'élève, et il arrive un moment où cette eau entre en ébullition : le condensateur se maintient alors à 100 degrés, et fait refluer dans l'alambic, en les liquéfiant, les vapeurs dont le point de condensation est situé au-dessus de 100 degrés ; seuls les hydrocarbures qui peuvent se maintenir à l'état de vapeur à 100 degrés distilleront et seront condensés dans le serpentin.

Ce qui passera sera donc un mélange de benzine et de toluène, dont on peut extraire de la benzine pure en faisant congeler le liquide et en soumettant la masse congelée à une forte et rapide compression.

Traitement des huiles moyennes.

Dans le cas où l'on a fait un premier fractionnement des huiles légères de houille, en recueillant à part les essences qui ont passé au-dessous de 150 degrés et les huiles moyennes qui ont passé de 150 à 200 degrés, il est nécessaire de soumettre ces dernières à un fractionnement séparé. On les distille d'abord en fractionnant les produits. Ce qui passe avant 120 degrés est réuni aux essences les plus volatiles, comme on l'a indiqué plus haut (page 26). On recueille à part ce qui passe de 120 à 190 degrés, et l'on réunit aux huiles lourdes ce qui passe au-dessus de cette température. Les huiles qui ont passé de 120 à 190 degrés sont d'abord soumises au traitement chimique dans les batteuses qui ont été décrites plus haut ; puis, après avoir subi cette purification, elles sont distillées de nouveau. Cette opération fournit une nouvelle portion d'essence légère passant au-dessous de 120 degrés, et qu'on réunit aux produits de même nature obtenus dans les opérations précédentes. On fractionne ensuite, de 10 en 10 degrés à peu près, les produits qui passent au-dessus de 120 degrés, et on les livre au commerce sous le nom de *benzines* à détacher. On en distingue plusieurs sortes, suivant le degré de volatilité. Quant aux hydrocarbures qui passent au-dessous de 120 degrés, ils portent, en général, le nom de *benzols*. Ce sont des mélanges plus ou moins riches en benzine pure, et qui renferment une proportion variable d'hydrocarbures supérieurs, principalement de toluène. On les vend dans le commerce avec un titre que l'on établit en les distillant et en cherchant la proportion de liquide passant jusqu'à 100 degrés, le reste passant jusqu'à 120 degrés. Ainsi, un benzol à 90 degrés renferme 90 p. 100 de produit passant avant 100 degrés, et de même, pour les benzols à 60, à 50, à 20 degrés. Un benzol à 90 degrés donne une aniline assez pure et très-propre à la fabrication du bleu et du noir. Un benzol de 50 à 40 degrés donnera une bonne aniline pour rouge. Et dans ce cas l'emploi d'un mélange de benzine et de toluène est une condition non-seulement utile, mais nécessaire, car on sait aujourd'hui, d'après les recherches de M. Hofmann, que la rosaniline renferme le radical diatomique toluylène, qui provient du toluène. Cependant il ne faut pas que le toluène prédomine trop dans un tel mélange : un benzol à 20 p. 100 est mauvais, car il fournirait une aniline trop lourde.

Préparation des carbures benzéniques à l'état de pureté.

Jusqu'à ces derniers temps, l'emploi des mélanges que nous venons de définir pouvait suffire aux besoins de l'industrie. Aujourd'hui, on a besoin, pour certaines fabrications, de produits plus purs. La découverte des dérivés colorants de la méthylamine et de la diméthylaniline, celle des bleus de diphénylamine, la production du noir d'aniline lui-même, rendaient nécessaire la préparation à l'état de pureté de l'aniline et de ses homologues. Séparer ces bases par distillation fractionnée est une opération sinon impossible, du moins très-difficile, et dont la difficulté est encore augmentée par l'existence des isomères de la toluidine. Heureusement, le problème de la préparation de ces bases, de l'aniline et de la toluidine en particulier, à l'état de pureté, a pu être résolu indirectement par la préparation à l'état de pureté des carbures d'hydrogène, benzine, toluène, xylène, cumène, qui servent de matières premières.

Dans ce cas, la distillation fractionnée donne des résultats satisfaisants, à la condition qu'on y applique les principes et les appareils qui servent à la rectification des alcools. Cette idée a été émise par M. E. Kopp et réalisée par M. Coupier. A la vérité, Mansfield, auquel on doit les premiers travaux sur les carbures d'hydrogène du goudron de houille, et qui a payé ses découvertes de sa vie, avait déjà décrit un appareil propre à séparer la benzine de ses homologues. Mais c'était là plutôt un instrument de laboratoire qu'un appareil industriel. Le problème industriel a été fort heureusement résolu par M. Coupier, lequel, en modifiant les appareils à colonne servant à la rectification des alcools, est arrivé à une séparation exacte de ces carbures, et à obtenir à l'état de pureté la benzine cristallisable et ses homologues supérieurs. C'est là un progrès notable qui a été réalisé dans ces dernières années.

L'appareil de M. Coupier (planche I, fig. 4) se compose d'une chaudière chauffée à la vapeur et dans laquelle on verse, par une ouverture latérale, les benzols à rectifier. Les vapeurs des hydrocarbures s'élèvent dans une colonne en fonte fermée par une série de plateaux superposés. Dans cette colonne, un premier fractionnement s'opère, et seules les vapeurs les plus volatiles traversent les plateaux. On les dirige par un tuyau dans un appareil particulier qui porte le nom de *réchauffeur*. Il est en quelque sorte la continuation du tube dont on vient de parler, et qui, après avoir pénétré dans la bâche du réchauffeur, conduit les vapeurs sortant de la colonne dans une série de boîtes ou serpentins condensateurs.

La bâche ou cuve qui renferme ces condensateurs est remplie d'une solution de chlorure de calcium que l'on peut chauffer à l'aide d'un serpentin à vapeur. Par leur partie inférieure, les condensateurs communiquent avec des tuyaux de rechute qui se recourbent à angle droit, et qui ramènent dans la colonne, à des hauteurs différentes, les liquides qui se sont condensés. Enfin les vapeurs qui échappent à la condensation dans le réchauffeur sont conduites dans un serpentin réfrigérant où elles se liquéfient. Veut-on préparer de la benzine pure, on chauffe la solution de chlorure de calcium à 80 degrés. La vapeur de benzine passera alors à travers les récipients condensateurs, tandis que le toluène et les hydrocarbures supérieurs, ne pouvant s'y maintenir en vapeurs, se condenseront, les moins volatils dans le premier récipient, les plus volatils plus loin, les premiers étant conduits par les tubes collecteurs sur des plateaux moins élevés de la colonne que les derniers. S'agit-il de recueillir du toluène, on chauffera le condenseur à 108 ou 109 degrés, et ainsi de suite en ayant toujours soin de maintenir la température de l'appareil réchauffeur à quelques degrés au-dessous du point d'ébullition de l'hydrocarbure que l'on veut isoler.

M. Coupier a représenté par le graphique suivant les résul-

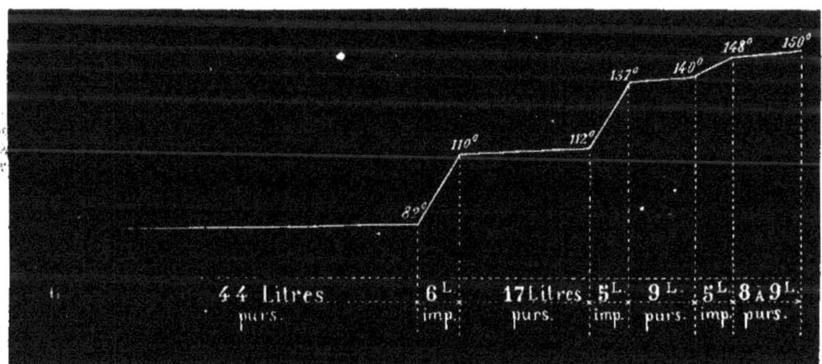

tats que donne la distillation d'un benzol commençant à bouillir au-dessous de 80 degrés et passant jusqu'à 150 degrés.

On voit que le rendement en produits purs, surtout en benzine, est relativement considérable. On remarquera, en effet, que le produit passant entre 80 et 82 degrés est de la benzine à peu près pure (point d'ébullition, 81 degrés), que le produit passant entre 110 et 112 degrés est du toluène (point d'ébullition, 110 à 111 degrés). Ce qui passe de 137 à 140 degrés est du xylène (point d'ébullition, 139 degrés). Quant aux derniers produits, dont le point d'ébullition est compris entre 148 et 150 degrés, c'est un mélange de plusieurs carbures isomériques C^9H^{12} (cumène, mésitylène, triméthylbenzine). Ajoutons que, lorsqu'il s'agit de pousser la distillation de manière à isoler le xylène et le cumène, il est nécessaire de remplir la bâche du réchauffeur de paraffine ou d'une dissolution saturée de nitrate d'ammoniaque qui ne bout qu'à 164 degrés, et de faire arriver dans le serpentin de la bâche de la vapeur sous une pression de 5 à 6 atmosphères.

L'appareil que l'on vient de décrire pouvait présenter, dans le cas où il était nécessaire de multiplier le nombre des plateaux, un inconvénient résultant du mode de jonction de ces derniers. Les plateaux sont joints par des chevilles en bois pressant sur un lut d'albumine et de chaux ou sur des rondelles de carton interposées. Il en résulte que la dilatation produite par des changements de température assez notables peut donner lieu à des tiraillements dans la colonne allongée, et par conséquent à des fuites. MM. Ch. Girard et de Laire ont évité cet inconvénient, dans leur usine de Ris-Orangis, en effectuant la jonction des plateaux par l'intermédiaire de rondelles en plomb boulonnées. Dans leur appareil (planche II, fig. 5) le nombre des plateaux a pu être porté sans inconvénient à vingt.

IV

TRAITEMENT DES HUILES LOURDES

Elles sont riches en naphtaline et en carbures d'hydrogène liquides non encore étudiés; elles renferment aussi de petites quantités d'anthracène. Ces produits sont accompagnés de phénols et des alcaloïdes que nous avons énumérés page 15.

Avant de les distiller, on les soumet d'abord à un traitement à l'acide sulfurique ou chlorhydrique, et ensuite à un traitement à la soude caustique. Ces traitements se font dans les batteuses que nous avons décrites plus haut, et ont pour but de débarrasser les huiles des alcaloïdes et des phénols. On emploie une quantité d'acide sulfurique égale à 10 p. 100 du poids de l'huile, et 6 p. 100 de soude. Les lessives de soude sont mises de côté pour la préparation du phénol. Quant aux liqueurs acides qui ont servi au lavage des huiles et qui sont chargées de matières goudronneuses, le meilleur emploi qu'on puisse en faire consiste à les saturer par les eaux ammoniacales provenant de la fabrication du gaz et de la distillation du goudron.

Après ce double traitement, les huiles exhalent une forte odeur, due à des composés sulfurés. On les en débarrasse en les agitant avec une solution de sulfate ferreux (4 p. 100).

Ainsi épurées, elles sont soumises à la distillation. Cette opération s'exécute dans un alambic chauffé sur voûte. On fractionne les produits, et l'on réunit aux produits similaires obtenus dans les opérations précédentes tout ce qui se passe avant 200 degrés.

Au delà de 200 degrés, les carbures qui passent sont riches en naphtaline, qui distille principalement entre 215 et 230 degrés. Un échantillon prélevé à ce moment sur le produit de la distillation se solidifie par le refroidissement. On recueille à part ces produits, qui servent à la préparation de la naphtaline pure. On change de récipient lorsque, la température s'étant élevée, l'huile qui passe ne se solidifie plus par le refroidissement. On recueille alors des produits liquides qui sont principalement employés comme huiles de graissage. En continuant la distillation, on obtient finalement des huiles qui se prennent par le refroidissement en une masse butyreuse, de couleur jaune verdâtre. Cette portion, qui passe entre 290 et 320 degrés, est réunie aux huiles à anthracène.

Usages des huiles lourdes.

Brutes, les huiles lourdes servent principalement à l'injection des bois, particulièrement des traverses de chemin de fer. Rectifiées, elles sont livrées au commerce sous le nom d'*huile sidérale*. Les huiles lourdes entrent dans la composition des mélanges servant au graissage des machines. On les emploie aussi dans la fabrication des encres d'imprimerie. (Persoz.)

On peut aussi faire servir les huiles lourdes à la préparation d'essences légères, en les décomposant brusquement par la chaleur. L'opération s'exécute soit en dirigeant leur vapeur à travers des cylindres de fonte chauffés au rouge, soit en faisant couler les huiles par un filet mince dans des cornues de fer ou de grès chauffées au rouge. Il se produit des gaz et une proportion notable d'essence légère.

V

EXTRACTION DU PHÉNOL

Ce corps s'obtient à l'état de phénate de soude, dans le traitement des huiles de goudron, par des lessives de soude caustique. On l'isole en décomposant ce phénate de soude par l'acide sulfurique. Sans vouloir donner l'historique des diverses méthodes qui ont été employées successivement pour la préparation du phénol, nous nous contenterons d'exposer brièvement le procédé actuel, qui a été tellement perfectionné par M. C. Calvert, de Manchester, que la préparation du phénol cristallisé n'offre plus aucune difficulté.

On retire le phénol des lessives alcalines qui ont servi à épurer les huiles ou essences de divers fractionnements, mais on emploie avec le plus d'avantage la lessive qui a servi à épuiser les huiles de deuxième fractionnement qui ont passé entre 150 et 200 ou 220 degrés (page 28). On se sert, pour ce traitement alcalin, de lessives de soude caustique et concentrée, avec lesquelles on bat les huiles dont il s'agit, dans des chaudières de fonte munies d'agitateurs et superposées de manière à pouvoir vider le contenu de l'une dans l'autre. Les chaudières sont à double fond et sont chauffées à la vapeur.

Par le refroidissement et par le repos, le tout se prend en un magma qui renferme du phénate de soude solide. On le place dans une chaudière où on le chauffe avec cinq à six fois son poids d'eau : le phénate se dissout, la naphtaline et les carbures d'hydrogène se séparent et tombent au fond de la liqueur, ou surnagent dans le cas où l'on aurait traité des huiles légères. La solution de phénate est versée par décantation dans une chaudière située au-dessous de la précédente et doublée de plomb. Là, elle est décomposée par l'acide sulfurique étendu ou par l'acide chlorhydrique, dont on emploie une juste proportion. Le tout étant bien brassé, puis abandonné au repos, le phénol surnage sous forme d'une huile colorée. On le soutire dans une troisième chaudière inférieure, où on le lave à deux reprises avec de l'eau, puis on le dessèche sur du chlorure de calcium[1] Les eaux de lavage, mises de côté, servent à dissoudre la soude caustique.

Le phénol brut ainsi obtenu renferme, indépendamment d'une certaine quantité d'eau qu'il est impossible de séparer complétement par le chlorure de calcium, une petite quantité de carbures d'hydrogène, ainsi que des phénols supérieurs, du crésol et du xylénol. Pour le purifier, on le soumet à la distillation. L'opération s'exécute dans de grandes cornues en fonte, chauffées sur voûte ou dans un bain d'huile, et communiquant avec des serpentins en fer ou en plomb, convenablement refroidis par de l'eau courante. On recueille à part ce qui passe entre 186 et 195 degrés, et l'on expose cette portion dans des caves à une température de + 10 degrés, dans de grands entonnoirs munis à la partie inférieure de robinets. Le phénol cristallise ainsi qu'une portion du crésol solide. On fait égoutter la partie demeurée liquide, et l'on comprime fortement les cristaux. Le liquide s'écoule dans des citernes, où on le laisse accumuler pour le traiter de nouveau par distillation.

Le phénol obtenu par ce procédé renferme une certaine

[1] Un autre procédé de dessiccation consiste à faire passer dans le phénol chauffé un courant d'air qui entraine les vapeurs aqueuses.

quantité de crésol solide. Pour le débarrasser entièrement de cet homologue supérieur, M. Ch. Girard a employé un appareil à distillation muni d'un réchauffeur analogue à celui dont M. Coupier se sert pour la séparation de la benzine et de ses homologues (page 30). Au sortir de la chaudière, les vapeurs du phénol sont dirigées dans un serpentin placé dans une bâche qui est remplie de phénol pur. Ce bain de phénol, qui peut être chauffé par un foyer indépendant, s'échauffe aussi par la condensation des vapeurs dans le serpentin lui-même. Les parties condensées refluent dans la chaudière par un tube cohobateur qui communique avec toutes les spires du serpentin lui-même. Dès que la température du bain a atteint le point d'ébullition du phénol, elle se maintient constante. Les vapeurs qui s'élèvent du bain de phénol sont condensées dans un réfrigérant particulier. Quant à celles qui proviennent de la chaudière et qui circulent dans le serpentin, elles éprouvent dans celui-ci une condensation partielle.

Les parties dont le point d'ébullition est supérieur à 186 degrés se condensent, du moins en majeure partie, et refluent, tandis que le phénol lui-même peut se maintenir à l'état de vapeur dans le serpentin cohobateur. Cette vapeur est conduite dans un réfrigérant où elle se condense.

Lorsque la bâche contient du phénol pur, sa température se maintient à un point fixe, et, pendant tout ce temps, on recueille du phénol pur. Veut-on recueillir les produits supérieurs, le crésol en particulier, il convient de remplacer le phénol pur du réchauffeur par de l'huile. Le thermomètre de la bâche s'élèvera graduellement jusqu'au point d'ébullition du crésol (203 degrés). On change alors de récipient, et tout ce qui passe à cette température sera du crésol.

On arrive à obtenir du premier coup du phénol à peu près pur en soumettant aux traitements qui viennent d'être indiqués des huiles de houille déjà purifiées par des fractionnements multiples et dont le point d'ébullition est compris entre 165 et 190 degrés environ. Ces huiles contiendront naturellement une proportion beaucoup moindre de crésol, le point d'ébullition de ce dernier étant supérieur à 200 degrés.

Mentionnons encore une pratique recommandée par M. E. Kopp pour la décomposition du phénate sodique par l'acide sulfurique. Ce chimiste conseille d'employer pour cette opération l'acide sulfurique provenant de l'épuration des huiles de goudron (page 27) et qui tient en dissolution divers alcaloïdes.

Ces liqueurs acides sont mélangées avec les liqueurs alcalines tenant le phénol en dissolution, et ce mélange doit être fait en proportions telles qu'il se forme du bisulfate de sodium. Les alcaloïdes restent en solution, tandis que le phénol se sépare de la liqueur chaude sous forme d'une couche oléagineuse qu'on décante et qu'on distille. On le purifie par les procédés qui viennent d'être indiqués. L'eau mère acide laisse déposer, par le refroidissement, une abondante cristallisation de bisulfate de sodium ; les alcaloïdes restent en solution à l'état de sulfates. On peut les isoler en sursaturant la liqueur par la chaux et soumettant le tout à la distillation. Les vapeurs aqueuses entraînent l'aniline et ses congénères.

A l'état de pureté, le phénol constitue une masse cristalline formée par une agglomération d'aiguilles parfaitement incolores. Il fond entre 34 et 35 degrés. Son point d'ébullition est situé à 188 degrés.

VI

PRÉPARATION DE LA NAPHTALINE

Les huiles lourdes sont assez riches en naphtaline pour que, exposées au froid pendant cinq ou six jours, elles en laissent déposer une certaine quantité sous forme de cristaux. Les résidus provenant de la rectification des huiles légères laissent déposer de même de la naphtaline. Enfin on obtient directement de la naphtaline dans la rectification des huiles lourdes. Après avoir recueilli les cristaux provenant de ces divers traitements, on les concasse grossièrement, et on les fait passer dans une essoreuse pour les débarrasser des parties huileuses qui les imprègnent. On les soumet ensuite à l'action d'une presse hydraulique qui les réduit en gâteaux. Ceux-ci ont besoin d'être purifiés, car ils retiennent de petites quantités de phénols et d'alcaloïdes. On les épuise successivement, à chaud, par des lessives de soude caustique et par l'acide sulfurique d'une densité de 1,407. Quelques lavages à l'eau chaude complètent ce traitement. Pour obtenir la naphtaline pure, il ne reste plus qu'à la distiller. L'opération se fait dans de grandes cornues en fonte. Les premières portions, qui passent vers 200 degrés, sont de la naphtaline mélangée avec de l'eau. Entre 210 et 220 degrés, la naphtaline distille à l'état de pureté. On la condense dans des serpentins chauffés au delà de son point de fusion (79 degrés), ou encore dans de grands cylindres refroidis. On la coule finalement dans des moules de verre ou de métal. A la fin de la distillation, la température d'ébullition s'élève au delà de 250 degrés. Les derniers produits sont réunis à la naphtaline brute.

La naphtaline pure fond à 79 degrés. Elle bout à 220 degrés. Pour l'obtenir sous forme de cristaux, on la sublime. L'opération se fait dans des chaudières en fonte qui sont chauffées dans un four en maçonnerie. On les surmonte d'un tonneau dont le fond inférieur est percé d'une ouverture égale à la section de la chaudière, un petit trou pratiqué dans le fond supérieur donnant issue aux vapeurs non condensées. Le tonneau récipient est suspendu par un treuil scellé dans un mur et qui permet de le manœuvrer. La naphtaline sublimée se présente sous forme de magnifiques lames rhomboïdales minces, incolores et brillantes. Nous indiquerons plus loin les applications qu'elle a reçues.

VII

TRAITEMENT DES HUILES A ANTHRACÈNE

Ce sont les huiles qui passent en dernier lieu, lorsqu'on pousse la distillation du goudron jusqu'à 400 degrés environ, de manière à obtenir du brai sec. Elles présentent, après le refroidissement, une consistance épaisse et un aspect verdâtre; elles tiennent alors en suspension de petites quantités d'hydrocarbures solides, parmi lesquels figurent la naphtaline, l'anthracène et quelques carbures supérieurs. Lorsqu'on les conserve à l'air, leur couleur, d'abord d'un jaune verdâtre, devient de plus en plus foncée et passe au brun.

Les huiles dont il s'agit sont mêlées à une petite quantité

d'eau qui y est suspendue en gouttes, et dont il faut les débarrasser, parce qu'elle gênerait le traitement ultérieur. Pour cela, on les chauffe pendant quelque temps dans des chaudières à double fond et à vapeur. La chaleur les liquéfie, et permet à l'eau de se séparer et de se rassembler à la surface. Les huiles ainsi débarrassées d'eau sont abandonnées pendant quelque temps dans un endroit frais, où elles se prennent en une masse demi-pâteuse. On enlève, par un turbinage, la plus grande partie des matières huileuses. Le reste est expulsé par la presse. On exprime d'abord à froid, au filtre-presse. La masse qui reste sur les plateaux est ensuite chauffée à 40 et même à 50 degrés, et comprimée de nouveau par une forte presse hydraulique dont les plateaux sont chauffés. La disposition générale de ces presses, à plateaux horizontaux, est analogue à celle des presses qui sont employées dans les stéarineries (voy. planche III, fig. 10).

Sous l'influence de cette forte compression, aidée de la chaleur, la plus grande partie des huiles lourdes et de la naphtaline, qui est plus fusible que l'anthracène, est expulsée, et il reste des tourteaux solides, cassants, qui peuvent contenir jusqu'à 60 p. 100 d'anthracène, si les opérations précédemment décrites ont été convenablement exécutées. Mais il s'en faut que le produit brut ainsi obtenu soit toujours aussi riche en anthracène. Certaines huiles contiennent naturellement une proportion moins forte de ce carbure d'hydrogène que d'autres, suivant que la distillation du goudron a été poussée plus ou moins loin. D'un autre côté, les huiles lourdes qui ont été séparées par pression à chaud des tourteaux d'anthracène brut, et qui en retiennent une certaine quantité en dissolution, ne doivent pas être rejetées. On les abandonne au repos. Lorsque les carbures d'hydrogène solides se sont séparés de nouveau de ces huiles pauvres, on les passe au filtre-presse après les avoir chauffées à 30 ou 40 degrés.

On obtient des huiles riches en anthracène lorsqu'on pousse la distillation du goudron plus loin qu'on ne le fait pour obtenir le brai sec. On facilite beaucoup le dégagement des vapeurs d'anthracène en injectant dans la cornue un courant de vapeur surchauffée ou d'azote exempt d'oxygène. Mais l'anthracène ainsi obtenu est accompagné d'une plus grande quantité de chrysène, qui est de nature à gêner la purification ultérieure. En outre, le brai est trop sec et d'une vente difficile. On peut s'en débarrasser et le rendre propre à la fabrication des agglomérés en y incorporant, après le refroidissement, une certaine quantité d'huiles lourdes privées d'anthracène.

Quant au chrysène mélangé à l'anthracène, ainsi obtenu, on a réussi à le séparer dans l'opération qui consiste à transformer l'anthracène en acides sulfo-conjugués et dont nous traiterons plus loin.

Dosage et purification de l'anthracène.

Il est très-important de connaître la teneur exacte en anthracène des produits fabriqués par les procédés qui viennent d'être indiqués. Le dosage de l'anthracène se fait par diverses méthodes, soit à l'aide des dissolvants, alcool et sulfure de carbone, soit en déterminant la proportion d'anthraquinone qu'un poids donné de l'échantillon peut donner par oxydation. Pour faire ce dernier essai, on dissout 1 gramme de matière dans l'acide acétique glacial, on ajoute à la solution 2 grammes de bichromate de potasse, ou mieux une quantité équivalente d'acide chromique, et l'on chauffe au bain-marie jusqu'à ce que la liqueur ait pris une riche teinte verte, puis on ajoute de l'eau ; il se sépare une masse insoluble qu'on lave et qu'on chauffe après dessiccation. L'anthraquinone se sublime en belles écailles jaunes. Son poids permet de calculer la proportion d'anthracène contenue dans l'échantillon analysé.

Pour le dosage exact de l'anthracène, M. E. Luck[1] a recommandé le procédé suivant :

On dissout à l'ébullition 1 gramme de l'échantillon d'anthracène dans 45 centimètres cubes d'acide acétique glacial, on filtre la liqueur bouillante et l'on y ajoute par petites portions, de façon à ne pas interrompre l'ébullition, une solution de 10 grammes d'acide chromique dans 5 centimètres cubes d'eau et dans 5 centimètres cubes d'acide acétique. On continue à faire bouillir jusqu'à ce que la liqueur ait pris une teinte jaune vert. On laisse alors refroidir et l'on étend la liqueur peu à peu avec 150 centimètres cubes d'eau; on filtre au bout de quelques heures et on lave l'anthraquinone déposée sur le filtre, d'abord à l'eau, puis avec une solution très-étendue et chaude de potasse caustique, enfin de nouveau avec de l'eau. Après dessiccation à 100 degrés, on pèse le tout, puis l'on détache rapidement l'anthraquinone du filtre et l'on pèse ce dernier. La différence donne le poids de l'anthraquinone. Il convient d'y ajouter $0^{gr},010$ pour tenir compte de la petite quantité d'anthraquinone qui reste en solution dans l'eau (150 centimètres cubes) et dans l'acide acétique (50 centimètres cubes) qu'on a employés.

S'agit-il de purifier l'anthracène brut, on peut mettre à profit son peu de solubilité dans l'alcool et dans les huiles très-légères de pétrole. On introduit donc la matière dans un appareil de déplacement, et on l'épuise par les liquides que

[1] Berichte der deutsch. Chemisch. Gesellsch. zu Berlin, t. VI, page 1347.

l'on vient d'indiquer. La masse épuisée est passée à l'essoreuse, puis introduite dans un alambic, où on la chauffe pour la débarrasser des dernières portions d'huiles légères. On pousse la chaleur jusqu'au delà du point de fusion de l'anthracène, et on coule le tout. Après refroidissement, le produit obtenu présente l'aspect de la paraffine avec une teinte verdâtre. Il renferme environ 95 p. 100 d'anthracène. Il fond entre 205 et 208 degrés.

Pour obtenir de l'anthracène entièrement pur et fusible entre 210 et 215 degrés, on fait cristalliser à plusieurs reprises le produit impur dans l'alcool bouillant ; on comprime les cristaux obtenus et on les sublime. On peut remplacer l'alcool par les huiles légères de *houille* (passant entre 120 et 150 degrés), dans lesquelles l'anthracène se dissout.

L'anthracène pur se présente sous forme de lamelles rhomboïdales d'un blanc éclatant et présentant une fluorescence violette. Il fond à + 210 degrés (Anderson). Il ne commence à distiller que vers 315 ou 320 degrés. Lorsqu'on le maintient à une température comprise entre son point de fusion et son point d'ébullition, il se sublime. Insoluble dans l'eau, il est peu soluble dans l'alcool froid, un peu plus soluble dans l'alcool bouillant, assez soluble dans l'éther, dans la benzine, dans l'essence de térébenthine. Il est insoluble dans l'huile légère de pétrole.

VIII

DISTILLATION DU BRAI

On peut tirer parti du brai en le faisant servir à la préparation d'huiles de coke ou d'huiles de brai relativement riches en anthracène. En soumettant le brai à la distillation sèche, on peut en retirer 25 p. 100 de ces huiles : il se forme, en même temps, 25 p. 100 environ de gaz, et il reste dans les fours 50 p. 100 de coke. La disposition de ces fours est assez variable. Ils sont à moufle. Seulement, dans quelques-uns, la distillation s'effectue dans des vases en fer ou en fonte placés à l'avant du moufle ; dans d'autres, elle s'effectue dans le moufle lui-même. Les huiles ainsi obtenues renferment, indépendamment de l'anthracène, du chrysène, du pyrène et d'autres hydrocarbures à points d'ébullition très-élevés. Pour les en débarrasser, on soumet ces huiles à une distillation fractionnée, au milieu d'un courant de vapeur d'eau surchauffée, ou d'azote soigneusement dépouillé d'oxygène.

CHAPITRE II

ROSANILINE ET CONGÉNÈRES

L'histoire de la découverte de la rosaniline a été exposée dans le Rapport de 1867, et est trop connue aujourd'hui pour qu'il soit nécessaire d'y revenir. Son mode de préparation le plus usité est toujours celui qui consiste à oxyder ou plutôt à déshydrogéner par l'acide arsenique un mélange d'aniline et de toluidine[1]. De notables perfectionnements ont été apportés au procédé de fabrication primitivement employé, et ont permis de tirer parti de résidus autrefois sans valeur. Il en est résulté une réduction dans les prix de revient, et par conséquent dans les prix de vente de ce beau produit. D'un autre côté, on doit toujours regretter, dans cette préparation, l'emploi sur une grande échelle, d'un agent aussi dangereux que l'acide arsenique. Aussi a-t-on accueilli avec une grande faveur l'annonce de la découverte d'un nouveau procédé de fabrication du chlorhydrate de rosaniline, procédé dont le principe a été indiqué par M. Coupier[2], et

[1] La rosaniline est une triamine dont la constitution a été dévoilée par les beaux travaux de M. Hofmann. L'équation suivante rend compte de sa formation :

$$\underbrace{2C^7H^9Az}_{\text{Toluidine.}} + \underbrace{C^6H^7Az}_{\text{Aniline.}} + O^3 = \underbrace{C^{20}H^{19}Az^3}_{\text{Rosaniline.}} + 3H^2O.$$

[2] Voici l'historique de cette découverte. Dès 1860, M. Lauth a obtenu de la

qui a été employé pendant quelque temps par MM. Meister Lucius et Brüning de Höchst. Le rapporteur est en droit d'affirmer que l'auteur de ce procédé, M. Coupier, l'applique aujourd'hui dans son usine de Creil.

Nous nous proposons de décrire dans ce chapitre l'un et l'autre procédé de fabrication de la rosaniline, et nous ferons précéder cette description de quelques indications concernant la préparation des bases de la série aromatique, aniline et toluidine, qui sont les matières premières de cette fabrication. La préparation de ces bases se fait toujours par les méthodes connues, c'est-à-dire par la transformation des carbures d'hydrogène correspondants en composés nitrogénés, et par la réduction de ceux-ci au moyen du fer et de l'acide acétique. La méthode a été découverte par M. Zinin; le procédé de réduction est de M. Béchamp. Tout cela est exposé dans le Rapport de 1867. Nous n'y reviendrons pas, et nous nous contenterons d'indiquer quelques perfectionnements qui ont été introduits dans les procédés en usage pour la production des composés nitrogénés et des bases elles-mêmes. Le nombre de ces dernières s'est accru par la découverte des toluidines isomériques, notamment de la pseudo-toluidine qui joue un rôle dans l'industrie. Nous en traiterons, réservant pour d'autres parties de ce Rapport celle de la diphénylamine et de ses congénères, et celle de la phénylène-diamine, qui est employée aujourd'hui pour la fabrication du brun d'aniline.

fuchsine en chauffant un mélange d'aniline, de nitrobenzine et de chlorure stanneux. En 1861, MM. Laurent et Casthelaz ont pris un brevet pour l'obtention d'une matière rouge par l'action du fer sur la nitrobenzine en présence de l'acide chlorhydrique. Le brevet de M. Coupier, fondé sur une réaction analogue à celle qui a été indiquée par M. Lauth, est de 1866. M. Coupier a proposé de faire réagir la nitrobenzine commerciale sur l'aniline (lourde) en présence du fer et de l'acide chlorhydrique.

I

PRÉPARATION DE LA NITROBENZINE ET DE L'ANILINE

NITROBENZINE.

Les progrès réalisés dans la fabrication de la nitrobenzine consistent surtout dans la disposition des appareils et dans le soin qu'on apporte à la condensation des vapeurs nitreuses. Ce sont toujours des chaudières en fonte dans lesquelles on fait réagir sur la benzine un mélange d'acides nitrique et sulfurique. Mais la forme des appareils a été modifiée. Nicholson se servait de chaudières cylindriques disposées verticalement (*Rapport de* 1867, t. VIII, p. 254). La Société *la Phényline*, à Ris-Orangis, emploie des chaudières cylindriques disposées horizontalement. Ces appareils sont complétement fermés et communiquent avec une colonne en grès qui est remplie de coke imbibé d'acide sulfurique, et dans laquelle les vapeurs nitreuses sont complétement absorbées. Ces vapeurs sont conduites dans la colonne par un appareil aspirateur. Une série de touries est disposée entre la chaudière et la colonne : elle sert à la condensation des vapeurs de benzine qui s'échappent de la chaudière. Une autre série est disposée sous la colonne et entre celle-ci et l'appareil aspirateur : elle sert à recevoir les acides condensés.

La disposition qui vient d'être décrite permet d'effectuer un mélange exact et immédiat de la benzine qu'on introduit dans la chaudière avec le mélange acide qui y afflue petit à petit.

Une agitation incessante empêche la formation de couches distinctes qui avaient une certaine tendance à se former dans l'ancien appareil disposé verticalement. On peut opérer sur 300 kilogrammes de benzine, et, si l'on a soin de continuer l'agitation et l'aspiration jusqu'à disparition complète des vapeurs nitreuses, le soutirage de l'acide et de la nitrobenzine acide n'offre plus aucun inconvénient pour les ouvriers. Le lavage de la nitrobenzine s'effectue dans des appareils qui permettent une décantation continue, sous un courant d'eau constant.

ANILINE.

Le mode opératoire indiqué par M. Nicholson[1] pour la préparation de l'aniline a subi la modification suivante. La réduction de la nitrobenzine par le fer et l'acide acétique étant opérée, au lieu de distiller le tout, on peut séparer par décantation la plus grande partie de l'aniline formée. A cet effet, les cornues sont munies de robinets superposés. On sature donc par la soude l'acétate d'aniline formé, et, après avoir agité, on laisse reposer. L'aniline mise en liberté surnage et est soutirée. Après rectification, on peut la livrer au commerce. On entraîne la portion qui reste dans la cornue à l'aide d'un courant de vapeur d'eau. On réalise ainsi une économie notable de charbon, on réduit la durée de l'opération, et, chose importante, on augmente le rendement. En effet, en distillant le tout à l'aide de la vapeur d'eau, on perd la petite quantité d'aniline qui se dissout dans l'eau condensée (environ 2 p. 100).

Le prix de l'aniline est descendu aujourd'hui à quatre francs le kilogramme.

[1] *Rapport de* 1867, t. VII, p. 256

II

NITROTOLUÈNES ET TOLUIDINES

Les deux toluidines employées dans l'industrie sont la toluidine solide, connue depuis longtemps, et la pseudo-toluidine. Elles prennent naissance par la réduction de deux nitrotoluènes distincts, dont l'un est solide et l'autre liquide. Ces deux nitrotoluènes isomériques prennent naissance en même temps par l'action de l'acide nitrique sur le toluène. Dans l'industrie, on ne les sépare pas, mais on les transforme en toluidine et en pseudotoluidine qu'on parvient à séparer. Seulement, suivant la manière dont on attaque le toluène par l'acide nitrique, on peut faire prédominer l'un ou l'autre des deux nitrotoluènes dont il s'agit[1].

La nitration du toluène pur s'opère dans des appareils identiques à ceux qu'on a décrits pour la nitration de la benzine. L'opération exige une surveillance particulière et un tour de main spécial, suivant qu'on veut obtenir une plus forte proportion de nitrotoluène solide ou de nitrotoluène liquide. Dans

[1] Les réactions qui donnent naissance aux nitrotoluènes et aux toluidines, analogues à celles qui engendrent la nitrobenzine et l'aniline, sont exprimées par les équations suivantes :

$$\underbrace{C^6H^5.CH^3}_{\text{Toluène.}} + \underbrace{AzO^2.OH}_{\text{Ac. azotiq.}} = \underbrace{C^6H^4 \left\{ \begin{matrix} CH^3 \\ AzO^2 \end{matrix} \right.}_{\text{Nitrotoluènes.}} + H^2O,$$

$$\underbrace{C^6H^4 \left\{ \begin{matrix} CH^3 \\ AzO^2 \end{matrix} \right.}_{\text{Nitrotoluènes.}} + H^6 = \underbrace{C^6H^4 \left\{ \begin{matrix} CH^3 \\ AzH^2 \end{matrix} \right.}_{\text{Toluidines.}} + 2H^2O.$$

On connaît trois nitrotoluènes et trois toluidines correspondantes. Il n'est question ici que de deux de ces isomères.

le premier cas, M. Charles Girard conseille d'employer de l'acide nitrique fumant, complétement débarrassé de vapeurs nitreuses. L'attaque doit se faire à la température la plus basse possible. Veut-on obtenir, au contraire, une plus forte proportion de nitrotoluène liquide, on emploie un mélange d'acide sulfurique et d'acide nitrique, et on peut laisser la température s'élever un peu.

Quoi qu'il en soit, la réduction du mélange des nitrotoluènes s'opère, comme celle de la nitrobenzine, par le fer et l'acide acétique. Une partie de la toluidine est séparée par décantation, l'autre par entraînement de vapeur d'eau (p. 49). On rectifie le produit. Il s'agit maintenant de séparer les deux toluidines formées en même temps. A cet effet, on traite le mélange dans de grandes cornues avec de l'acide sulfurique étendu d'eau, de manière à saturer incomplétement la base. On fait bouillir pendant quelque temps, et l'on entraîne mécaniquement l'excès de base par un courant de vapeur d'eau. Dans ces conditions, il reste dans la cornue un sulfate de toluidine, tandis que la pseudo-toluidine, moins énergique dans ses affinités, passe à la distillation. Le sulfate de toluidine qui reste, étant décomposé par un alcali, fournit la toluidine solide. La base qui a passé à la distillation, et qui consiste principalement en pseudo-toluidine, renferme encore 7 à 8 p. 100 de toluidine solide. Une nouvelle saturation fractionnée permet d'en séparer la pseudo-toluidine pure.

Ce procédé, indiqué par MM. de Laire et Vogt, permet de préparer à l'état de pureté les deux toluidines. Et cela n'est pas sans importance. En effet, on a intérêt à obtenir la toluidine solide pure, en vue de la préparation de la ditoluylamine (dicrésylamine). Celle-ci fournit une matière colorante bleue, lorsqu'on la traite par le chlorure de carbone en présence de la diphénylamine. Or la dicrésylamine dérivée de la toluidine solide possède seule cette propriété; celle qui dérive de la pseudotoluidine donne, dans les mêmes circonstances, une couleur acajou[1].

III

PRÉPARATION DE LA FUCHSINE OU CHLORHYDRATE DE ROSANILINE

On introduit dans de grandes chaudières chauffées sur voûte, dans un massif de maçonnerie, et d'une capacité de 4,000 litres environ, 1,000 kilogrammes d'aniline commerciale et 1,500 kilogrammes d'une solution très-concentrée d'acide arsenique, renfermant 75 p. 100 d'acide. La *voûte* boulonnée de cette chaudière livre passage, au centre, à un axe qui est en communication avec un agitateur et qu'on met en mouvement pendant toute la durée de l'opération. Sur les côtés, la voûte porte un tuyau abducteur qui conduit dans un serpentin les vapeurs d'eau et d'aniline qui se dégagent. On chauffe de manière à maintenir la température, pendant sept à huit heures, de 190 à 200 degrés. Pendant l'opération, il distille de l'aniline[2] et de l'eau qu'on recueille. Lorsque la moitié environ de l'aniline a passé, on retire le feu et on laisse la réaction s'achever d'elle-même, en agitant continuellement la masse. On recon-

[1]
$$\underbrace{\left.\begin{matrix} C^6H^4.CH^3 \\ H \\ H \end{matrix}\right\} Az.}_{\text{Toluidine.}} \qquad \underbrace{\left.\begin{matrix} C^6H^4.CH^3 \\ C^6H^4.CH^3 \\ H \end{matrix}\right\} Az.}_{\text{Ditoluylamine (dicrésylamine).}}$$

[2] C'est l'excès d'aniline qui n'a pu entrer en réaction pour la formation des groupes diatomiques de la rosaniline. Cette aniline ne doit plus renfermer de toluidine solide, tout ce qui existait de cette base dans l'aniline lourde étant entré en réaction.

naît que la cuisson est terminée, lorsqu'un échantillon prélevé sur la masse, une « tâte » comme on dit, devient cassant par le refroidissement. On introduit alors peu à peu une certaine quantité d'eau bouillante dans la chaudière, de manière à « hydrater » la masse et à la fluidifier. Cela fait, on ferme à l'aide d'un robinet le tube abducteur des vapeurs, et l'on fait arriver dans la chaudière de la vapeur à haute pression. Un autre robinet étant ouvert, la masse est chassée, par un coup de vapeur, dans de grandes chaudières closes, munies d'agitateurs, et dans lesquelles la dissolution du rouge brut doit s'opérer sous pression.

Dissolution du rouge brut.

Les chaudières ont une capacité de 6,000 litres environ. Pour une cuite de rouge brut, on emploie 4,000 litres d'eau environ. On y fait arriver de la vapeur à 5 atmosphères, de manière à élever la température à 140 degrés environ. Au bout de quatre à cinq heures, l'épuisement est terminé. En ouvrant un robinet, on envoie alors tout le contenu de ces vases clos dans un filtre-presse, où le liquide arrive bouillant et où il laisse déposer le résidu insoluble. Ce résidu renferme, indépendamment d'une certaine quantité de matières ulmiques, de la mauvaniline, de la violaniline et une petite quantité de sels de rosaniline (arsénite et arséniate). On le soumet à un traitement qui sera indiqué plus loin. Le liquide presque bouillant qui a été chassé par la haute pression de la vapeur, à travers les feutres et les trous du filtre-presse, est conduit dans des barques où, sa température s'abaissant à 60 ou 70 degrés, il laisse déposer une matière violette, et où il subit, par conséquent, un premier degré de purification.

Formation, séparation et cristallisation du chlorhydrate de rosaniline.

De ces barques, le liquide est transvasé dans des cristallisoirs. Il renferme de l'arsénite et de l'arséniate de rosaniline. Il s'agit de le transformer en chlorhydrate et de séparer ce dernier. A cet effet, on ajoute à la liqueur du sel marin, dans la proportion de 120 kilogrammes pour 100 kilogrammes de rouge brut. Cette addition de sel marin est faite dans un double but : premièrement, elle détermine une double décomposition qui donne naissance à du chlorhydrate de rosaniline, de l'arsénite et de l'arseniate de sodium; en second lieu, elle effectue la séparation du chlorhydrate de rosaniline formé, lequel est insoluble dans une solution saline suffisamment concentrée. Il

Fuchsine sur soie.

se sépare donc, soit sous forme cristallisée, soit à l'état amorphe, et vient se rassembler à la surface. On le recueille, et au bout de quelques jours, on coule la liqueur dans de vastes réservoirs, où elle laisse déposer une petite quantité de matière colorante, laissant une eau mère dont nous indiquons le traitement ci-après.

Le chlorhydrate de rosaniline recueilli dans l'opération précédente est repris, dans des cuves chauffées à la vapeur, par

40 à 50 fois son poids d'eau. La solution est passée au filtre et abandonnée au refroidissement dans des cristallisoirs. Le sel se dépose sous forme de cristaux magnifiques aux reflets verts irisés, soit sur les parois des barques, soit sur des tiges de cuivre qui plongent dans la solution. Les eaux mères qui ont laissé déposer ces cristaux sont précipitées par le sel marin. Il se sépare du chlorhydrate de rosaniline, qu'on purifie par cristallisation, comme il vient d'être dit, et il reste une nouvelle eau mère renfermant des matières jaunes. On les réunit aux eaux mères du chlorhydrate brut.

Les résidus qui restent sur le filtre sont repris par l'eau bouillante et traités comme les matières brutes.

Traitement des eaux mères du chlorhydrate de rosaniline.

Les eaux mères salées dont le chlorhydrate de rosaniline s'est déposé contiennent, indépendamment d'une petite quantité de rosaniline, une matière colorante jaune, de l'aniline, de l'arsénite et de l'arséniate de sodium. On précipite les matières colorantes par le carbonate de soude et l'on filtre. Le précipité rouge grenat ainsi formé renferme de la rosaniline et de la chrysaniline. On le reprend par l'eau bouillante additionnée d'acide chlorhydrique, et l'on précipite la liqueur par le sel marin en solution concentrée.

Le produit ainsi obtenu est livré au commerce sous le nom de grenat (marque J. O. O.) ou de fuchsine jaune. C'est un mélange de chlorhydrates de rosaniline et de chrysaniline. Ce dernier donnant du jaune, le mélange fournit en teinture des nuances plus rouges que la rosaniline pure, dont la teinte tire sur le violet.

Pour séparer entièrement les deux matières colorantes, on peut dissoudre le mélange à chaud dans des solutions acides :

le chlorhydrate de rosaniline se dépose, celui de chrysaniline reste en solution avec une certaine quantité du premier chlorhydrate.

Quant à la liqueur qui a été séparée du précipité formé par le carbonate de soude, elle renferme de l'arsénite et de l'arséniate de soude, ainsi que de l'aniline. On y ajoute un excès de chaux et l'on distille. Il passe une eau laiteuse que l'on verse dans des tonneaux, où l'aniline se sépare et se rassemble au fond ; l'eau qui surnage et qui est saturée d'ani-

Grenat d'aniline sur laine.

line rentre dans le travail : on s'en sert comme dissolvant.

Le précipité calcaire qui reste dans les chaudières, et qui renferme tout l'arsenic à l'état d'arsénite et d'arséniate de chaux, constitue le dernier résidu. On le met de côté et l'on peut quelquefois en tirer parti comme matière première pour la fabrication des acides de l'arsenic.

Rosaniline.

Pour la fabrication du bleu et pour d'autres usages, on a besoin de préparer de la rosaniline libre par la décomposition de son chlorhydrate. Pour cela, on dissout ce sel dans 25 ou 30 fois son poids d'eau. La dissolution s'opère dans des chaudières à la pression ordinaire. Lorsqu'elle est terminée, on filtre et l'on ajoute à la liqueur de la soude caustique en léger excès. Par le refroidissement, la rosaniline, qui est soluble à chaud dans des liqueurs légèrement alcalines, se dépose sous forme de cristaux peu colorés.

Un autre procédé consiste à décomposer sous pression le chlorhydrate de rosaniline par l'eau de chaux. On laisse cristalliser par le refroidissement, et on reprend les cristaux par l'alcool étendu. La rosaniline seule se dissout, et la chrysaniline reste à l'état insoluble, mêlée avec un léger excès de rosaniline. On peut retrouver l'alcool par la distillation (Nicholson).

Traitement de la matière violette déposée par le refroidissement de la solution du rouge.

On reprend ce dépôt (page 55) par l'eau bouillante qui lui enlève une certaine quantité de sel de rosaniline et laisse un résidu de mauvaniline. Cette dernière est bleue et insoluble dans l'eau. On en tire parti en teinture.

Traitement des résidus insolubles provenant de la dissolution du rouge brut.

Les résidus insolubles qui restent dans les filtres-presses renferment encore une certaine quantité de rosaniline, qu'on en extrait en les faisant bouillir avec de l'eau acidulée d'acide chlorhydrique. La solution est filtrée, puis précipitée par le sel marin : le chlorhydrate de rosaniline se sépare et est purifié par cristallisation, comme il a été dit plus haut.

Le résidu qui refuse de se dissoudre dans l'eau aiguisée d'acide chlorhydrique est soumis à l'ébullition avec de l'eau fortement additionnée d'acide chlorhydrique. La solution est filtrée et précipitée par un lait de chaux.

On obtient ainsi un produit dont on peut tirer parti en teinture pour obtenir des nuances marron. On le recueille sur un filtre et on le livre au commerce sous forme de pâte. Il est insoluble dans l'eau. Pour teindre avec ce produit, on le

Marron d'aniline sur laine.

met en suspension dans l'eau, et l'on plonge la laine dans ce bain. La matière colorante s'y fixe directement sans mordant, par une simple ébullition avec de l'eau.

IV

FABRICATION DE LA ROSANILINE PAR LA RÉACTION DE LA NITROBENZINE SUR L'ANILINE

Procédé Coupier.

Dans des chaudières en fonte émaillée, d'une capacité de 90 litres, on introduit :

Aniline pour rouge (avec toluidine).	58 kilogrammes.
Nitrobenzine.	17 à 20
Acide chlorhydrique.	18 à 22
Fer (tournure de fonte).	2

Chaque chaudière est surmontée d'une voûte faisant fonction de chapiteau, et que l'on fixe sur le rebord de la chaudière au moyen de pinces et d'un lut formé avec du silicate de soude et de la craie. Le centre de la voûte livre passage à un agitateur. Une tubulure que l'on ferme avec un bouchon permet de prélever des prises. Un large tuyau abducteur sert au dégagement des vapeurs d'aniline, de nitrobenzine et d'eau qui se dégagent pendant l'opération. Par une disposition ingénieuse, ce tuyau vient s'engager dans un tube de condensation en zinc qui est incliné à 45 degrés environ et qui est ouvert des deux côtés. C'est dans ce tube, simplement refroidi par l'air ambiant, que viennent s'élever les vapeurs; le liquide condensé ruisselle en sens contraire et tombe dans des seaux qui sont placés au-dessous de l'extrémité inférieure du tube. Par cette même extrémité, placée à 20 centimètres environ au-dessous du point de jonction du tube abducteur et du tube réfrigérant, un courant d'air est sans cesse appelé dans ce dernier, et cet appel prévient les fuites qui pourraient se produire dans la cornue.

L'appareil étant ainsi disposé, on chauffe à 180 degrés environ, et l'on maintient cette température pendant cinq heures. Le mélange demeure longtemps à l'état fluide; à la fin il s'épaissit et l'on doit l'agiter. En même temps, la température s'élève de 184 à 195 degrés. La cuite terminée, on défait la voûte de la cornue, et l'on puise le contenu avec des cuillers, pour le couler dans des plateaux en tôle avec rebords. C'est le rouge brut. Il présente, après refroidissement, les reflets mordorés et la cassure conchoïde bien connus.

La réaction qui se passe dans cette opération est fort intéressante. L'aniline n'est pas oxydée directement par le groupe nitrogéné de la benzine. C'est par l'intermédiaire du fer que l'oxygène est enlevé à ce groupe nitrogéné. A la fin de l'opération, le fer reste à l'état d'oxyde ferrique. Mais, dans le cours de la réaction elle-même, et à la haute température où elle s'opère, on peut supposer que c'est du chlorure ferrique qui existe dans la masse et qui est alternativement réduit et régénéré[1]. Ainsi, par l'action de l'acide chlorhydrique sur le fer, en présence du groupe nitrogéné dont il s'agit, il se forme du chlorure ferrique; celui-ci étant réduit, une nouvelle quantité de chlore provenant de la même source le convertit de nouveau en chlorure ferrique, et ainsi de suite.

Le rouge brut ainsi obtenu renferme environ 25 p. 100 d'aniline, qu'il faut extraire. Pour cela, on dissout le chlorhydrate brut dans l'eau, on sature exactement le chlorhydrate d'aniline par la chaux, et l'on distille : l'aniline passe avec l'eau. Le chlorure de calcium formé précipite le chlorhydrate de rosaniline. On dissout celui-ci dans l'eau, on filtre et l'on fait cristalliser. Ces opérations s'exécutent dans des cuves superposées. On peut aussi faire dissoudre le chlorhydrate brut dans l'eau, précipiter le chlorhydrate de rosaniline par le sel marin, et retirer l'aniline des eaux mères, en distillant celles-ci avec de la chaux.

[1] Il est possible que, dans cette réaction, il se forme un azo-dérivé de la toluidine analogue à l'amidoazobenzol ou à l'azodinaphtyldiamine (amidoazonaphtaline), azo-dérivé qui se transformerait en rosaniline sous l'influence d'un excès d'aniline. (Ch. Girard.)

$$\underbrace{C^{14}H^{15}Az^{3}}_{\text{Amidoazo-toluol.}} + \underbrace{C^{6}H^{7}Az.HCl}_{\text{Chlorhydrate d'aniline.}} = \underbrace{C^{20}H^{19}Az^{3}}_{\text{Rosaniline.}} + \underbrace{AzH^{3}.HCl.}_{\text{Chlorhydrate d'ammoniaque.}}$$

V

VIOLANILINE ET BLEU COUPIER

La violaniline se forme toujours, en même temps que la mauvaniline, comme produit secondaire dans la préparation de la rosaniline. Elle résulte, en effet, de l'oxydation de 3 molécules d'aniline qui se soudent après avoir perdu 6 atomes d'hydrogène ; et la mauvaniline, de l'oxydation de 2 molécules d'aniline et de 1 molécule de toluidine qui se soudent après avoir perdu 6 atomes d'hydrogène[1]. La violaniline, la mauvaniline et la rosaniline doivent donc se former ensemble, lorsqu'on traite par un réactif oxydant ou déshydrogénant, tel que l'acide arsénique, un mélange d'aniline et de toluidine. Nous avons indiqué le parti que l'on peut

[1] Les équations suivantes représentent le mode de formation de la violaniline et de la mauvaniline :

$$\underbrace{3C^6H^7Az}_{\text{Aniline.}} - 3H^2 = \underbrace{C^{18}H^{15}Az^3}_{\text{Violaniline.}}.$$

$$\underbrace{2C^6H^7Az}_{\text{Aniline.}} + \underbrace{C^7H^9Az}_{\text{Toluidine.}} - 3H^2 = \underbrace{C^{19}H^{17}Az^3}_{\text{Mauvaniline.}}.$$

Les rapports qui existent entre la violaniline, la mauvaniline et la rosaniline sont exprimés par les formules suivantes :

$$\underbrace{\left.\begin{matrix}(C^6H^4)''\\(C^6H^4)''\\(C^6H^4)''\\H^3\end{matrix}\right\}Az^3.}_{\text{Violaniline.}}\qquad\underbrace{\left.\begin{matrix}(C^6H^4)''\\(C^6H^4)''\\(C^7H^6)''\\H^3\end{matrix}\right\}Az^3.}_{\text{Mauvaniline.}}\qquad\underbrace{\left.\begin{matrix}(C^6H^4)''\\(C^7H^6)''\\(C^7H^6)''\\H^3\end{matrix}\right\}Az^3.}_{\text{Rosaniline.}}$$

tirer de ces produits accessoires qui constituent les résidus de la fabrication de la rosaniline par l'acide arsénique. Il nous reste à mentionner un procédé spécial pour la fabrication de la violaniline, avec laquelle M. Coupier a réussi à fabriquer une matière colorante bleue aujourd'hui très-employée pour la teinture de la laine. Cette matière bleue est le sel de soude d'un acide sulfo-conjugué dérivé de la violaniline.

Fabrication du bleu Coupier.

M. Coupier prépare la violaniline à l'aide du procédé qu'il a appliqué à la fabrication de la rosaniline, c'est-à-dire qu'il chauffe, dans les cornues qui ont été décrites, un mélange d'aniline, de nitrobenzine, d'acide chlorhydrique et de fer. La cuite dure huit heures, et la température s'élève à la fin de 180 à 190 degrés. Le produit brut qui résulte de cette cuite est dissous dans cinq fois son poids d'acide sulfurique ordinaire. L'opération, qui dure quatre heures, s'exécute dans des chaudières en fonte que l'on chauffe d'abord à 50 degrés, pour élever, à la fin, la température à 90 degrés. 12 kilogrammes de produit brut, dissous dans l'acide sulfurique, donnent environ 60 kilogrammes d'acide sulfo-conjugué, que l'on précipite en ajoutant 400 litres d'eau. On recueille le précipité bleu sur des filtres en calicot qui sont soutenus par de la toile d'emballage clouée sur un cadre. Ce bleu insoluble, lavé à l'eau pure, peut servir en impression pour faire des noirs et surtout des gris.

Pour le rendre soluble, on le dissout dans la soude caustique. Le sel de soude est évaporé dans des chaudières en tôle chauffées à feu nu. Pour le dessécher, on le fait passer sur des plaques de tôle qui sont juxtaposées aux chaudières à évaporation et qui sont chauffées par la chaleur perdue du foyer. Le bleu soluble est livré sous forme de petites masses sèches,

Bleu Coupier sur laine.

amorphes d'un bleu noirâtre. Il se dissout dans l'eau avec une riche couleur bleue.

Une autre méthode pour la production de la violaniline ou

Gris Coupier sur laine.

d'une matière analogue consiste à faire réagir le nitrite de soude sur une solution de chlorhydrate d'aniline. Il se forme du diazoamidobenzol, lequel, chauffé, avec un sel d'aniline à

160°, fournit de la violaniline, en vertu d'une réaction découverte par MM. Hofmann et Geyger[1].

VI

BLEUS DE ROSANILINE

Le bleu de rosaniline a été découvert en 1860 par MM. Ch. Girard et de Laire, qui l'ont obtenu en chauffant de 160 à 180 degrés un mélange d'aniline et de chlorhydrate de rosaniline. Par une réaction qui est devenue féconde depuis, il se dégage de l'ammoniaque, et il se forme de la rosaniline phénylée, qui est le *bleu de Lyon*. Suivant le mode de fabrication qu'on a employé, on en distingue aujourd'hui diverses variétés qu'on peut ramener à trois catégories, savoir : les *bleus directs*, les *bleus purifiés*, les *bleus lumière*.

Ces bleus, insolubles dans l'eau, sont employés en teinture à l'état de solution alcoolique. C'est un inconvénient que M. Nicholson est parvenu à surmonter, en 1862, par la découverte des *bleus solubles*, qu'il a obtenus en traitant le bleu de Lyon par l'acide sulfurique.

Enfin on a décrit sous le nom de *bleu d'aniline* ou *d'azurine* une matière colorante bleue, insoluble dans l'eau, l'alcool et l'esprit de bois, et qu'on obtient en faisant réagir sur une solution de chlorhydrate d'aniline dans l'eau alcoolisée un mélange de chlorate de potasse et d'acide chlorhydrique. L'insolubilité de ce corps a fait renoncer à son emploi en teinture, mais on

1 $$\underbrace{C^{12}H^{11}Az^{3}}_{\text{Diazoamido-benzol.}} + \underbrace{C^{6}H^{7}Az.HCl}_{\text{Chlorhydrate d'aniline.}} = \underbrace{C^{18}H^{15}Az^{3}}_{\text{Violaniline.}} + AzH^{3}.HCl.$$

parvient à le fixer sur les tissus par l'impression, en appliquant sur les pièces de coton un mélange épaissi à la gomme de chlorhydrate d'aniline, de chlorate de potasse et d'acide acétique, exposant à l'air pendant deux ou trois heures et passant ensuite dans un bain d'alcali ou de bichromate de potasse.

Nous ne décrirons ici que les bleus de rosaniline, dits *bleus de Lyon*, et les bleus solubles. Je dois les indications qui vont suivre à l'obligeance de M. Poirrier, qui a bien voulu m'admettre à plusieurs reprises dans sa magnifique usine, et me mettre à même de suivre le détail des opérations.

Préparation des bleus de rosaniline.

Elle s'effectue aujourd'hui dans des chaudières de 250 litres, munies d'un agitateur et qu'on chauffe au bain d'huile. On y introduit 20 kilogrammes de rosaniline cristallisée qui présente une teinte grenat, et une quantité d'aniline qui varie de 4 à 8 kilogrammes, suivant la nuance que l'on veut produire. On ajoute 10 p. 100 environ d'acide benzoïque cristallisé. On chauffe à 180 degrés. Un thermomètre accuse la température du bain. Pendant l'opération, une certaine quantité d'aniline distille et est condensée dans un serpentin. Suivant les proportions d'aniline employées et la durée de l'opération, on obtient un mélange de rosaniline monophénylée, de rosaniline diphénylée et de rosaniline triphénylée, mélange dans lequel domine, soit le premier, soit le second, soit le troisième de ces corps. Le bleu formé est plus ou moins teinté de rouge, la rosaniline monophénylée donnant le bleu le plus rouge, la diphénylée du bleu et la triphénylée du bleu bleu. Pour juger du degré d'avancement de l'opération et de la nuance obtenue, un ouvrier prélève de temps en temps une « tâte » qu'il dépose sur une assiette à côté d'un échantillon servant de type. L'un et l'autre étant arrosés d'alcool, les solutions alcooliques s'étalent sur l'assiette inclinée, et la comparaison des nuances devient facile.

L'opération terminée, il est nécessaire d'interrompre brusquement l'action de la chaleur. Pour cela, la chaudière est enlevée par une grue et déposée sur une plate-forme disposée à une petite distance du fourneau, à côté et au-dessous d'une grande cuve qui doit recevoir le contenu de la chaudière. On vide celle-ci en exerçant une pression au moyen d'une pompe à air. Le contenu visqueux de la chaudière est chassé dans la cuve, qui est munie d'agitateurs et dans laquelle on traite le produit brut par de l'acide chlorhydrique étendu, dans le but d'en extraire l'aniline en excès. On brasse le tout : le bleu reste à l'état insoluble. On le recueille sur des feutres, et on le lave à l'eau bouillante. L'opération du lavage s'exécute dans des cuves. On ajoute à l'eau une petite quantité d'acide chlorhydrique. On extrait de cette façon ce qui reste de chlorhydrate d'aniline, ainsi que des impuretés grises.

Des filtres, disposés au-dessous des cuves, en reçoivent le contenu et séparent le bleu sous la forme d'une matière pulvérulente verdâtre. Le chlorhydrate d'aniline provenant soit du traitement direct par l'acide chlorhydrique, soit des lavages, est distillé avec de la chaux : on retrouve ainsi l'aniline qu'il renferme.

Bleus purifiés.

L'opération qui vient d'être décrite subit quelques modifications dans le cas où il s'agit de préparer des bleus très-purs. On ajoute alors, à la matière visqueuse brute des chaudières, de l'alcool[1], et on fait couler le tout par filets dans l'eau acidu-

[1] Dans certains cas, on remplace l'alcool par la benzine.

lée par l'acide chlorhydrique. L'addition d'alcool a pour but et pour effet la dissolution d'une certaine quantité de matières rouges et violettes, c'est-à-dire de rosaniline non complétement phénylée et d'une petite quantité de leucaniline. On exécute cette opération dans de grandes cuves, et lorsqu'elle est terminée on filtre et l'on recueille le bleu qui est demeuré insoluble : c'est le bleu purifié formé presque entièrement de

Bleu direct soluble dans l'alcool.

chlorhydrate de rosaniline triphénylée. D'un autre côté, on neutralise exactement la solution acide et alcoolique. La matière colorante impure qui s'était dissoute se sépare et est recueillie. C'est un bleu de qualité inférieure qui est livré au commerce avec une marque particulière. La solution neutre alcoolique est ensuite soumise à la distillation dans le but d'en séparer l'alcool. La liqueur aqueuse qui reste, distillée avec un excès de chaux, fournit de l'aniline, comme il a été dit plus haut.

Bleus lumière.

On nomme ainsi des bleus tout à fait privés de violet, et qui conservent à la lumière artificielle la teinte pure et franche du bleu de ciel. Cette belle matière est formée par le chlorhydrate de rosaniline triphénylée pure. MM. Ch. Girard et de Laire ont indiqué le procédé suivant pour obtenir le bleu lumière. On prend un bleu purifié de bonne qualité, on le réduit en poudre fine, et, après quelques lavages à l'aide de petites quantités d'alcool chaud, on dissout le résidu dans un mélange d'aniline et d'alcool bouillant. On filtre et on sursature légèrement la solution par l'ammoniaque, ou, mieux encore, par une solution alcoolique de soude caustique. Une petite partie du bleu se précipite à l'état de base entraînant des impuretés. Après le refroidissement, on recueille sur un filtre la partie insoluble; puis on précipite le bleu de la solution, en ajoutant à celle-ci de l'acide chlorhydrique concentré en excès; on laisse refroidir complétement et l'on recueille sur un filtre le chlorhydrate de rosaline triphénylée qui est insoluble dans la liqueur alcoolique acide, laquelle retient d'ailleurs des parties moins pures (chlorhydrate de rosaline diphénylée).

Bleu lumière sur soie.

Le bleu qui résulte de ces divers traitements est le « bleu à l'alcool ». Il est soluble dans ce véhicule et insoluble dans l'eau. Il ne peut donc être employé en teinture qu'en solution alcoolique. On verse cette solution petit à petit dans le bain de teinture, procédé qui donne lieu à la perte de l'alcool et qui présente de grandes difficultés dans l'application, au point de vue de la production de teintes uniformes. Ce sont là des inconvénients auxquels on est parvenu à remédier dans ces dernières années par la préparation des bleus dits *solubles*, dont nous allons traiter.

Bleus solubles.

La préparation de ces bleus est fondée sur la propriété que possède la rosaniline triphénylée de former avec l'acide sulfurique divers dérivés sulfo-conjugués.

Le premier de ces acides sulfo-conjugués a été préparé, dès 1862, par M. Nicholson, qui a été guidé dans cette recherche par certaines analogies qui existent entre la rosaniline triphénylée et l'indigo. Pour obtenir cet acide sulfo-conjugué

Bleu Nicholson sur soie, 2 B.

de la rosaniline triphénylée, analogue à l'acide sulfindigotique, M. Nicholson chauffait, dans des chaudières à double fond, 10 kilogrammes de sulfate de rosaniline triphénylée et 40 kilogrammes d'acide sulfurique. La température était portée à 140 degrés environ, et l'opération était arrêtée lorsque, la masse étant devenue homogène, un petit échantillon se dissolvait entièrement dans l'ammoniaque. Après refroidissement, le contenu des chaudières était coulé petit à petit dans huit ou dix fois son poids d'eau qu'on agitait constamment. Le bleu était ainsi précipité. On le recueillait sur un filtre, on le lavait jusqu'à commencement de dissolution, puis on le séchait, soit par compression, soit par essorage. Enfin on introduisait le précipité dans un vase en fonte émaillée, et on y ajoutait un léger excès d'ammoniaque en chauffant. On formait ainsi un sel ammoniacal qui venait surnager sous forme d'une masse dorée qui était recueillie, séchée et pulvérisée.

Le produit ainsi obtenu a été accepté difficilement par les teinturiers. Il présentait, à la vérité, l'avantage de ne pas dé-

Bleu Nicholson sur soie, 3 B.

teindre par le frottement, mais il donnait sur la laine et sur la soie des teintures qui résistaient moins bien à la lumière, aux alcalis et aux savons, que les nuances fournies par la rosaniline triphénylée insoluble. Aujourd'hui, grâce aux perfectionnements introduits dans la fabrication et à la variété des produits obtenus, ces bleus solubles sont généralement employés.

Celui de Nicholson était principalement formé de rosaniline

triphénylée tétrasulfurique. On en connaît aujourd'hui trois autres qui offrent une composition différente et qui répondent à diverses indications. Voici d'abord la nomenclature et la composition de ces produits :

1° Rosaniline triphénylée monosulfurique :

$$C^{20}H^{16}\left\{\begin{matrix} C^6H^4.SO^3H \\ (C^6H^5)^2 \end{matrix}\right\}Az^3.H^2O.$$

2° Rosaniline tryphénylée disulfurique :

$$C^{20}H^{16}\left\{\begin{matrix} C^6H^3.2SO^3H \\ (C^6H^5)^2 \end{matrix}\right\}Az^3.$$

3° Rosaniline triphénylée trisulfurique :

$$C^{20}H^{16}\left\{\begin{matrix} (C^6H^2.3SO^3H) \\ (C^6H^5)^2 \end{matrix}\right\}Az^3.$$

4° Rosaniline triphénylée tétrasulfurique :

$$C^{20}H^{16}\left\{\begin{matrix} 2(C^6H^3.2SO^3H) \\ C^6H^5 \end{matrix}\right\}Az^3.$$ [1]

Suivant la quantité d'acide sulfurique ainsi combiné, la solubilité dans l'eau augmente, mais en même temps la solidité à la lumière et à l'air diminue, le composé le plus riche en acide sulfurique (l'acide tétrasulfuré) étant à la fois le plus soluble et le moins fixe en teinture. En 1869, on fabriquait principalement les combinaisons sulfo-conjuguées les plus riches en acide sulfurique. Aujourd'hui, on produit de préférence les combinaisons mono et disulfuriques. Ajoutons que chacune de ces matières répond à une indication donnée, la combinaison monosulfurique étant principalement employée

[1] On a supposé que les groupes SO^3H des acides sulfo-conjugués étaient substitués à l'hydrogène d'un même groupe phénylique : c'est là une hypothèse qui aurait besoin d'être démontrée. Les groupés SO^3H pourraient être répartis entre les divers groupes phényliques, comme le montrent les formules suivantes :

$$\underbrace{C^{20}H^{16}\left\{\begin{matrix} (C^6H^5) \\ (C^6H^4.SO^3H)^2 \end{matrix}\right\}Az^3,}_{\text{Rosaniline triphénylée disulfurique.}} \quad \underbrace{C^{20}H^{16}(C^6H^4.SO^3H)^3Az^3.}_{\text{Rosaniline triphénylée trisulfurique.}} \quad \underbrace{C^{20}H^{16}\left\{\begin{matrix} (C^6H^4.SO^3H)^2 \\ C^6H^3.2SO^3H \end{matrix}\right\}Az^3.}_{\text{Rosaniline triphénylée tétrasulfurique.}}$$

pour la teinture de la laine, la combinaison disulfurique pour la teinture de la soie, et la trisulfurique pour celle du coton.

Nous allons entrer dans quelques détails sur la préparation de tous ces produits.

Préparation des combinaisons sulfo-conjuguées de la rosaniline triphénylée.

On verse de l'acide sulfurique, soit pur, soit mélangé avec de l'acide sulfurique fumant, dans de grands vases en grès, placés eux-mêmes dans des vases enveloppants en cuivre, ces derniers destinés à recevoir le produit en cas de rupture du premier vase. Dans cet acide, on introduit, par petites portions, du bleu en poudre, en ayant soin d'agiter continuellement.

La température s'élève naturellement. On doit éviter qu'elle dépasse 40 degrés dans le cas où l'on veut obtenir la combinaison monosulfurique, 50 degrés pour la combinaison disulfurique, 60 degrés pour la combinaison trisulfurique. On laisse les matières réagir de quatre à douze heures, suivant le degré de sulfatation que l'on veut obtenir, et l'on juge de l'état de l'opération en prélevant de temps en temps des « tâtes ». Les trois acides sulfo-conjugués dont il s'agit présentent des différences de solubilité qui permettent d'en reconnaître la présence dans le produit fabriqué.

L'acide monosulfo-conjugué est insoluble dans l'eau, mais son sel de soude est soluble. La solution, avec excès d'alcali, présente une teinte brun-marron foncé.

L'acide disulfo-conjugué est soluble dans l'eau pure, insoluble dans l'eau additionnée d'acide sulfurique. Dissous dans un excès d'alcali, il fournit une solution d'un jaune acajou.

L'acide trisulfo-conjugué est soluble, non-seulement dans

l'eau pure, mais aussi dans une eau acide ou alcaline. La solution, dans un excès d'alcali, est incolore.

Bleu Nicholson sur soie, 5 B.

C'est à ces caractères qu'on les reconnaît. On parvient à les séparer en se fondant sur les mêmes propriétés.

1° *Acide monosulfo-conjugué.* Pour le préparer, on opère

Bleu Nicholson soluble sur laine, 5 B.

comme il a été dit ci-dessus, en employant deux parties d'acide sulfurique ordinaire exempt de produits nitreux. La réaction étant terminée, on verse le tout dans l'eau et l'on filtre.

L'acide monosulfo-conjugué reste sur le filtre. On le presse et on le lave. Puis on le transforme en sel de soude en y ajoutant de la lessive de soude en quantité insuffisante pour dissoudre le tout. On filtre la solution chaude, et on l'évapore jusqu'en consistance de pâte. La dessiccation de cette pâte se fait dans des étuves à *air chaud*, dans lesquelles l'air est appelé par un ventilateur.

L'acide monosulfo-conjugué est insoluble dans l'eau pure et dans l'eau acide, mais son sel de soude est soluble, quoique assez difficilement à froid. La solution, peu colorée, sert à teindre la laine. On teint sur bain neutre, et l'on fait passer ensuite dans un bain acide, pour développer la couleur. C'est le bleu Nicholson.

Les différentes marques de bleu alcalin qui existent dans le commerce, et qui sont désignées par les lettres B, BB, BBB, BBBB, correspondent aux divers degrés de purification du bleu primitif employé pour la préparation du bleu soluble.

2° *Acide disulfo-conjugué.* Lorsqu'on veut le produire en proportion notable[1], on prolonge le temps de l'opération, en employant une quantité d'acide sulfurique ordinaire plus considérable (4 parties pour une de bleu), et élevant la température à 50 degrés environ, comme il a été dit plus haut. Plus soluble dans l'eau que le précédent, ce corps est insoluble dans l'eau acide. On peut donc le précipiter par l'eau en maintenant dans la liqueur un grand excès d'acide. On peut même le laver après l'avoir recueilli par un filtre, pourvu qu'on maintienne une petite quantité d'acide sulfurique dans la pâte. On sature celle-ci par l'ammoniaque. Le sel ammoniacal ainsi formé est assez soluble dans l'eau froide, plus soluble même

[1] Il est à remarquer que, dans l'opération dont il s'agit, les divers acides sulfo-conjugués se forment en même temps, et qu'on arrive simplement à faire prédominer l'un ou l'autre, suivant les conditions de l'opération.

que l'acide disulfo-conjugué libre. C'est ce sel ammoniacal qui constitue le bleu soluble employé dans la teinture de la soie.

3° *Acide trisulfo-conjugué.* Il se forme dans les mêmes conditions que le précédent, mais à une température un peu plus élevée. On emploie pour 1 partie de bleu 6 parties d'un mélange d'acide sulfurique (4 parties) et d'acide sulfurique fumant (2 parties). Cet acide trisulfo-conjugué, soluble dans l'eau pure, se dissout aussi dans l'eau acide. Pour le débarrasser de l'excès d'acide sulfurique, il faut donc saturer la liqueur par la chaux ou par la baryte, filtrer pour séparer le sulfate insoluble, faire passer un courant d'acide carbonique, afin d'enlever l'excès de chaux ou de baryte, et décomposer la solution du sel barytique par le carbonate ou le sulfate de soude. Le sel alcalin est très-soluble dans l'eau. On évapore la solution et l'on dessèche le résidu pâteux dans l'étuve à air chaud, comme il a été dit plus haut.

4° *Acide tétrasulfo-conjugué.* Il prend naissance lorsqu'on opère, par le procédé primitivement indiqué par Nicholson, en présence d'un grand excès d'acide sulfurique et à une température supérieure à 100 degrés. On emploie parties égales d'acide fumant et d'acide ordinaire.

Pour séparer l'acide tétrasulfo-conjugué de l'excès d'acide sulfurique, on emploie le procédé qui vient d'être décrit pour la préparation de l'acide trisulfo-conjugué.

A l'état libre, cet acide est très-soluble dans l'eau pure et dans l'eau acide; il forme, avec les alcalis, les terres alcalines et les oxydes métalliques proprement dits des sels solubles dans l'eau.

VII

VIOLETS HOFMANN

Ces matières colorantes violettes dérivent directement de la rosaniline par la substitution de radicaux alcooliques à l'hydrogène de cette base. On doit leur découverte à M. Hofmann, dont le nom est justement attaché à ces beaux produits. Après avoir reconnu que les bleus obtenus par l'action de l'aniline (bleus de Lyon, bleus Girard et de Laire) étaient de la rosaniline triphénylée, cet éminent chimiste eut l'idée de méthyler et d'éthyler directement la rosaniline, en employant le procédé d'éthylation dont il s'est servi le premier à l'occasion de ses belles recherches sur les ammoniaques composées qui venaient d'être découvertes par l'auteur de ce rapport, savoir : l'action d'un iodure alcoolique sur l'ammoniaque ou sur une base ammoniacale. En faisant réagir sur la rosaniline l'iodure de méthyle ou l'iodure d'éthyle, M. Hofmann a préparé la rosaniline triméthylée et la rosaniline diéthylée et triéthylée, bases dont les sels constituent ce qu'on appelle le *violet Hofmann*.

Ces recherches remontent à l'année 1864. M. E. Kopp avait annoncé, dès 1861, que, lorsqu'on remplace l'hydrogène de la rosaniline par des radicaux alcooliques, la nuance des dérivés alcooliques se rapprochait d'autant plus du bleu, qu'un plus grand nombre d'atomes d'hydrogène de la base rouge étaient remplacés par des radicaux alcooliques. Ainsi la rosaniline diéthylée fournit des nuances d'un violet rouge, tandis que la rosaniline triéthylée ou triméthylée donne du violet bleu.

La préparation de ces bases a été décrite en détail dans le Rapport de 1867 (tome VII, p. 262). Il est donc inutile d'y revenir. Au reste, la consommation de ces beaux produits a beaucoup diminué depuis la découverte des violets de Paris,

Violet Hofmann, rouge.

qui sont préparés directement par l'oxydation de la méthylaniline. Toutefois, en raison de la richesse et de la pureté de leur teinte, ils trouvent encore leur emploi pour la production de nuances d'un violet rouge.

VIII

VIOLETS DE METHYLANILINE

Au mois de juillet 1861, M. Charles Lauth a obtenu une matière colorante d'un beau violet, en traitant la méthylaniline par les agents oxydants, qui convertissent l'aniline en rosaniline. Mais, ayant remarqué que les produits ainsi obtenus présentaient peu de solidité à la lumière, il ne songea pas à poursuivre l'application industrielle de sa découverte, et abandonna, pendant quelques années, ses recherches sur ce sujet. A cette époque, la constitution de la rosaniline et de ses dérivés était complétement inconnue : les travaux de M. Hofmann n'avaient pas encore paru. La découverte des violets dérivés de la rosaniline a donné une nouvelle impulsion aux recherches qui avaient pour objet la préparation directe de matières colorantes violettes formées sans l'intermédiaire de la rosaniline. L'exagération des prix de l'iode excitait d'ailleurs l'ardeur avec laquelle ce but était poursuivi. Ce précieux métalloïde intervenait nécessairement dans la préparation du violet Hofmann, qui exige l'emploi de l'iodure d'éthyle ; d'un autre côté, la préparation de la méthylaniline ne paraissait pas pouvoir être réalisée en dehors de l'intervention d'un bromure ou d'un iodure alcoolique. Ajoutons qu'un procédé primitivement employé pour l'oxydation de la méthylaniline exigeait lui-même l'emploi de l'iode[1].

Dans ces conditions, la production directe des violets par

[1] Voici un procédé qui a été breveté par MM. Poirrier et Chappat, pour la production du violet de Paris par l'oxydation de la méthylaniline. Nous le rappelons ici pour mémoire.

Dans une marmite de fonte émaillée, d'une capacité de 250 litres environ, et placée dans un bain-marie, on introduit :

Méthylaniline	50 kilogr.
Chlorate de potasse	40
Iode	10

Le chlorate de potasse et l'iode sont ajoutés, par fractions, dans l'espace de quelques heures. Après l'addition de la première dose, on chauffe de 80 à 100 degrés, et l'on maintient cette température pendant quatre à cinq jours, jusqu'à ce qu'on obtienne une masse dure d'un beau vert bronzé.

On traite cette masse par une lessive de soude qui lui enlève l'iode, en même temps qu'elle précipite la base du violet. Le chlorure de potassium formé et l'excès de chlorate, ainsi que l'iodure, restent en dissolution. Le précipité est d'abord lavé à l'eau bouillante, puis repris par l'eau chargée d'acide chlorhydrique, qui dissout la base méthylée à l'état de chlorhydrate. La solution filtrée, qui est d'un beau violet, est précipitée par le sel marin. On voit que l'oxydant d'abord employé par MM. Poirrier et Chappat était un mélange de chlorate de potasse et d'iode, c'est-à-dire de l'acide iodique.

l'oxydation de la méthylaniline, selon la découverte de M. Charles Lauth, n'aurait pas offert des avantages marqués, du moins au point de vue des prix de revient. Heureusement, ce dernier problème, savoir la préparation économique de la méthylaniline, a été résolu d'une manière très-satisfaisante par M. Bardy. Le procédé indiqué par ce chimiste consiste à chauffer sous pression un mélange de chlorhydrate d'aniline et d'esprit de bois : il se forme du chlorhydrate de méthylaniline et de l'eau. C'est une application fort heureuse de la réaction qu'avait indiquée M. Berthelot pour la production des alcalis éthyliques et méthyliques par le chlorhydrate d'ammoniaque[1]. Mais, quelle que soit l'importance de la découverte de M. Bardy au point de vue industriel, le problème n'était résolu qu'à moitié, et il appartenait à M. Ch. Lauth, qui en a eu la première idée, de lui donner aussi une solution définitive, fortune rare pour un inventeur, mais aussi exemple remarquable de sagacité et de persévérance. M. Lauth a fait de nombreux essais pour réaliser l'oxydation de la méthylaniline. Il a trouvé que le chlorhydrate de cette base se convertit en violet par la seule action de l'air à une température élevée. Le réactif oxydant auquel il s'est arrêté définitivement est le chlorure cuivrique que MM. Dale et Caro avaient employé quelques années auparavant pour transformer l'aniline lourde en violet Perkin. Ainsi, par les efforts réunis de MM. Ch. Lauth et Bardy, et grâce à l'esprit d'initiative et à la direction intelligente de M. Poirrier, la découverte de la transformation directe de la méthylaniline en violet a passé du domaine de l'expérimentation dans celui de la pratique industrielle ; résultat doublement heureux au point de vue économique et sanitaire, car, s'il permettait la suppression d'un agent coûteux

[1] *Annales de chimie et de physique*, 3e série, t. XXXVIII, p. 65.

et dont les variations de prix étaient dominées par la coalition des producteurs, il procurait aussi l'avantage de restreindre la fabrication insalubre de la rosaniline. Signalons, en terminant, des efforts moins heureux qui avaient été faits dans l'ordre d'idées que nous indiquons, et qui tendaient aussi à la suppression de l'iode : d'abord un procédé breveté par M. Perkin, et qui consiste à chauffer sous pression un mélange de rosaniline, de térébenthine bromée et d'alcool méthylique; en second lieu, le brevet de M. Levinstein, lequel chauffe également sous pression, ou dans un appareil cohobateur, un mélange de rosaniline, d'alcool méthylique ou éthylique et de nitrate d'éthyle. La substitution de cet éther à l'iodure est un fait digne d'être noté dans l'histoire des progrès récemment accomplis dans l'industrie dont il s'agit.

Nous placerons à la suite de ces remarques préliminaires la description des procédés qui ont été employés pour la fabrication des violets par oxydation de la méthylaniline. Ces procédés sont nombreux, mais quelques-uns seulement ont pris place dans la pratique industrielle.

1° *Préparation de la méthylaniline et de la diméthylaniline.*

Dans une chaudière autoclave en fonte (planche II, fig. 6 et 7, voir aussi planche III, fig. 8), munie d'un manomètre et plongeant dans un bain d'huile, on introduit poids égaux d'esprit de bois, d'aniline et d'acide chlorhydrique. On chauffe au bain d'huile de 200 à 220 degrés. La température est accusée par un thermomètre. La pression développée dans ces conditions atteint 25 atmosphères. On peut admettre que la réaction a lieu dans ce sens que, par l'action de l'acide chlorhydrique sur l'esprit de bois, il se forme du chlorure de méthyle, lequel réagit sur l'aniline pour donner naissance aux dérivés méthylés. L'auteur de ce rapport a démontré, en effet, qu'au-dessus de 240 degrés, le chlorhydrate d'aniline est dissocié. A la haute température où l'on opère, l'acide chlorhydrique est donc disponible et peut réagir sur l'esprit de bois, et le chlorure de méthyle formé peut réagir à son tour sur l'aniline pour former les dérivés méthylés de cette base.

En opérant comme on vient de l'indiquer, on donne naissance principalement à de la diméthylaniline[1]. On laisse refroidir et on ajoute un lait de chaux en léger excès. La base surnage. On la décante et on la distille, en y faisant passer un courant de vapeur d'eau. Elle est entraînée. Le mélange de bases que l'on obtient ainsi renferme la mono- et la diméthylaniline, mais cette dernière y prédomine de beaucoup. Lorsqu'on opère dans les conditions indiquées, la proportion de diméthylaniline peut atteindre 80 et même 95 pour 100. Mais il reste nécessairement un excès d'aniline et une certaine quantité de monométhylaniline dans le produit brut de la réaction. Pour purifier ce dernier, on met à profit les différences de propriétés des chlorhydrates et des sulfates de ces bases. S'agit-il de séparer l'aniline des méthylanilines, on saturera par l'acide chlorhydrique. Le chlorhydrate d'aniline solide se sépare des chlorhydrates liquides des méthylanilines. On jette le mélange sur un filtre qui retient le premier.

[1] Les équations suivantes représentent les réactions dont il s'agit :

$$\underbrace{CH^3.OH}_{\text{Esprit de bois.}} + HCl = \underbrace{CH^3Cl}_{\text{Chlorure de méthyle}} + H^2O.$$

$$\underbrace{2CH^3Cl}_{\text{Chlorure de méthyle.}} + \underbrace{\left.\begin{matrix} C^6H^5 \\ H \\ H \end{matrix}\right\} Az}_{\text{Aniline}} = \underbrace{\left.\begin{matrix} C^6H^5 \\ CH^3 \\ CH^3 \end{matrix}\right\} Az}_{\text{Diméthylaniline.}} + 2HCl.$$

L'acide chlorhydrique décomposé dans la première réaction est donc regénéré dans la seconde et peut réagir sur une nouvelle quantité d'alcool méthylique.

La séparation de la monométhylaniline et de la diméthylaniline présente plus de difficultés. Elle ne peut s'effectuer que par des distillations fractionnées.

Dans la réaction que l'on vient de décrire et qui donne naissance aux méthylanilines, il se forme en même temps une certaine quantité de chlorure de la base quaternaire [1], c'est-à-dire de chlorure de triméthyl-phényl-ammonium. Ce chlorure reste en dissolution dans la liqueur aqueuse d'où la diméthylaniline s'est séparée à l'état oléagineux. On évapore à siccité cette liqueur, qui contient un excès de chaux, et l'on distille à feu nu dans une chaudière. Par l'action de la chaux sur le chlorure quaternaire, la base quaternaire elle-même est mise en liberté; elle se dédouble par la distillation sèche en esprit de bois et en diméthylaniline [2].

2° *Préparation du violet de Paris. — Oxydation de la méthylaniline par le chlorure de cuivre.*

Voici le procédé qui a été indiqué par M. Ch. Lauth pour la préparation de ce magnifique produit.

Sur une aire en dalles, on mélange à la pelle :

Sable.	100 parties.
Méthylaniline.	10
Nitrate de cuivre.	3
Sel marin.	2
Acide azotique.	1

[1] Ce chlorure est formé par l'action du chlorure de méthyle sur la diméthylaniline :

$$\left.\begin{matrix} C^6H^5 \\ CH^3 \\ CH^3 \end{matrix}\right\} Az + CH^3Cl. = \left.\begin{matrix} C^6H^5 \\ CH^3 \\ CH^3 \\ CH^3 \end{matrix}\right\} Az\,Cl.$$

[2]

$$\underbrace{\left.\begin{matrix} C^6H^5 \\ (CH^3)^3 \end{matrix}\right\} Az.OH}_{\text{Hydrate de triméthyl-phényl-ammonium.}} = \underbrace{\left.\begin{matrix} C^6H^5 \\ (CH^3)^2 \end{matrix}\right\} Az}_{\text{Diméthyl-aniline.}} + \underbrace{CH^3.OH.}_{\text{Esprit de bois.}}$$

Le sable est disposé de manière à présenter au milieu de la masse une cavité dans laquelle on verse la méthylaniline et les autres produits. L'oxydation de la base commence immédiatement, et, pendant qu'on fait le mélange, le tout se colore et la température s'élève. Au bout de quelque temps, on forme, avec la masse noircie, des pains volumineux, en la pressant dans de grands cadres en bois posés sur des plaques de cuivre. On porte ces pains dans une étuve, où on les chauffe pendant vingt-quatre heures à 40 degrés. Au bout de ce temps, ils ont durci et ont pris une belle teinte d'un vert de cantharide ; la matière colorante produite s'est combinée avec le sel de cuivre. Il s'agit maintenant de la séparer du cuivre, puis de la dissoudre.

A cet effet, on commence par la broyer au moulin. Une drague munie de palettes ramasse sans cesse la matière broyée sur l'aire de ce moulin, et la verse sur un crible conique qui est disposé au centre. Celui-ci laisse passer la poudre et rejette les morceaux sur l'aire. La poudre est introduite dans des barques en bois, où elle est traitée par l'eau froide et par une solution titrée de trisulfure de sodium $Na^2 S^3$ (foie de soufre sodique). La matière colorante basique, ainsi séparée du cuivre, qui se transforme en sulfure, est mise en liberté. Elle demeure insoluble avec le sable et le sulfure, tandis que les eaux tiennent en dissolution du chlorure alcalin et un léger excès de foie de soufre. On filtre, et, après deux lavages à l'eau froide, on soumet le dépôt à la décoction. Cette opération se fait dans des barques où l'on introduit la matière colorante correspondant à 20 kilogrammes de diméthylaniline traitée, avec 1,000 à 1,200 litres d'eau. Un premier épuisement ayant été fait à l'eau bouillante, on achève l'opération en faisant bouillir avec la même quantité d'eau, à laquelle on ajoute 5 à 6 kilogrammes d'acide chlorhydrique. On porte à l'ébullition au moyen d'un courant de vapeur qu'on fait barboter dans le liquide ; la matière colorante se dissout, le sable et le sulfure de cuivre restent à l'état insoluble. On jette alors le tout sur des feutres soutenus par des cadres de bois, et, après avoir lavé convenablement le résidu de sable et de sulfure de cuivre, on précipite la matière colorante dissoute, en ajoutant à la solution 25 kilogrammes de chlorure de sodium par barque. On laisse refroidir : le violet tombe au fond et se sépare très-nettement de la liqueur sous la forme d'une masse molle. Après avoir décanté, on ramasse cette dernière à la pelle, et on la sèche sur de grandes plaques de fonte. Ces plaques portent des rebords et présentent un fond

Violet de méthylaniline sur soie, marque bleue.

double cloisonné dans lequel on fait circuler de l'eau chaude ou de la vapeur. Après dessication, on pulvérise la masse au moulin et on la livre pour l'expédition.

Les eaux mères qui ont été séparées du dépôt de violet retiennent encore une certaine quantité de matière colorante en dissolution : on les amène dans des barques où elles sont précipitées par la chaux. Le précipité, recueilli sur un filtre, est lavé et traité par l'acide chlorhydrique : il se forme un chlorhydrate qu'on précipite par le sel marin.

La matière colorante préparée par le procédé qui vient d'être indiqué présente une nuance d'un violet pur. Quand on veut obtenir du violet teinté de rouge, on soumet à l'oxydation un

Violet de méthylaniline sur laine, nuance moyenne.

mélange de bases plus riche en monométhylaniline. Enfin, les marques plus rouges ne peuvent être obtenues que par méthylation directe de la rosaniline par le procédé Hofmann.

3° Oxydation de la diméthylaniline par un mélange de sulfate de cuivre et de chlorate de potasse.

On introduit dans une cornue ou dans un plateau disposé sur une étuve un mélange intime de :

Diméthylaniline.	10 parties.
Chlorate de potasse.	1
Sulfate de cuivre.	2
Sable (grès pulvérisé).	100

On maintient le tout pendant quelques jours à une température modérée, qui ne doit pas dépasser 50 à 60 degrés. La réaction s'établit et donne lieu à un dégagement de chaleur.

La masse est épuisée d'abord par des lavages à l'eau bouillante, opération longue et qui exige l'emploi d'une grande quantité d'eau. Elle a pour but l'extraction des sels, et notamment de l'excès de chlorate. Le résidu épuisé par l'eau est repris par l'acide chlorhydrique faible, qui dissout la matière violette. Il faut éviter l'emploi de l'acide chlorhydrique concentré, qui ferait entrer en dissolution des produits secondaires.

On peut aussi employer l'alcool pour dissoudre la matière violette. On soumet la solution alcoolique à la distillation pour ne pas perdre le dissolvant. Enfin, on reprend la masse par l'eau bouillante aiguisée d'acide chlorhydrique, et l'on précipite le chlorhydrate par une solution de sel marin.

Ce procédé, qui est peu usité aujourd'hui, est dû à MM. Durand et Ch. Girard. Ce dernier a constaté que, pendant l'oxydation des méthylanilines, il distille de l'aniline[1].

Constitution des violets de méthylaniline.

Les recherches de M. Hofmann et la découverte du violet auquel cet illustre chimiste a attaché son nom avaient permis d'isoler les composés suivants et d'en fixer la constitution :

Iodhydrate de triméthylrosaniline (violet rouge). $C^{20}H^{16}(CH^3)^3Az^3,HI$.
Diiodhydrate de triéthylrosaniline (violet). . . . $C^{20}H^{16}(C^2H^5)^3Az^3,2HI$.

[1] Les réactions qui donnent naissance aux matières violettes peuvent être exprimées par les équations suivantes :

$$\underbrace{3\left[\left.\begin{matrix}C^6H^5\\CH^3\\H\end{matrix}\right\}Az\right]}_{\text{Monométhyl-aniline.}} - H^6 = \underbrace{C^{20}H^{18}(CH^3)Az^3.}_{\text{Rosaniline monométhylée.}}$$

$$\underbrace{3\left[\left.\begin{matrix}C^6H^5\\CH^3\\CH^3\end{matrix}\right\}Az\right]}_{\text{Diméthyl-aniline.}} + H^2O - H^6 = \underbrace{C^{20}H^{16}(CH^3)^3Az^3.CH^3.OH.}_{\text{Méthylhydrate de rosaniline triméthylée.}}$$

Monoéthyliodhydrate de triéthylrosaniline (violet parme)	$C^{20}H^{16}(C^2H^5)^3Az^3,C^2H^5I$.
Monométhyliodhydrate de triméthylrosaniline (violet parme)	$C^{20}H^{16}(CH^3)^3Az^3,CH^3I$.
Diméthyliodhydrate de triméthylrosaniline (vert lumière)	$C^{20}H^{16}(CH^3)^3Az^3,2CH^3I$.
Triméthyliodhydrate de triméthylrosaniline (violet bleu)	$C^{20}H^{16}(CH^3)^3Az^3,3CH^3I$.

Les deux premiers corps constituent les violets Hofmann, qu'on a d'abord livrés au commerce à l'état d'iodhydrates. Leur base est tertiaire. Mais cette base tertiaire peut fixer non-seulement une, deux ou trois molécules d'un hydracide; elle peut s'unir aussi à une, deux ou trois molécules d'un iodure alcoolique, formant ainsi les iodures de bases quaternaires plus ou moins saturées. Tous ces produits offrent des liens étroits de parenté, et peuvent se former dans la même réaction, savoir : par l'action des iodures alcooliques sur la rosaniline ou sur un dérivé alcoolique direct de la rosaniline. Il est même à remarquer que, dans la préparation du violet Hofmann, si les iodhydrates de la base tertiaire constituent les produits principaux de la réaction, les iodures des bases quaternaires prennent naissance, en proportion plus ou moins considérable, comme produits secondaires. Les liens de parenté et la constitution de tous ces corps sont donc clairement établis : leur mode de génération les rattache les uns aux autres. Mais quelles sont les relations qui unissent à ces corps les matières violettes dérivées directement de la méthylaniline ou de la diméthylaniline par les procédés d'oxydation qui viennent d'être décrits?

C'est là une question qui a été sérieusement débattue et qui mérite d'être examinée ici. Si, d'un côté, la grande analogie de propriétés que l'on constate entre les violets Hofmann et les violets de méthylaniline devait faire naître la pensée de l'identité de ces produits, d'un autre côté, la réelle différence entre leurs procédés de préparation pourrait conduire à la supposition contraire[1].

Les violets Hofmann sont des dérivés de la rosaniline : ils renferment en conséquence deux groupes toluylène. Or, l'expérience a démontré que les anilines les plus pures sont seules propres, après avoir été méthylées, à la fabrication des violets par le procédé de l'oxydation directe. Comment peut-il se faire que les violets ainsi engendrés avec de la méthylaniline pure renferment le groupe toluylène, et par quelle réaction ce groupe peut-il être engendré? Il peut être engendré par suite d'une migration du groupe méthyle dans l'intérieur de la molécule et de son introduction dans le groupe phénylique[2].

[1] L'identité des produits dont il s'agit a été admise dès le principe et par pure hypothèse par quelques personnes, et l'analogie de leurs propriétés a même fait naître le soupçon injuste d'une contrefaçon, soupçon qui, il faut le dire, avait été éveillé par une apparence, savoir la présence d'une petite quantité d'iode dans les premiers violets de méthylaniline fabriqués par le procédé qui a été indiqué plus haut (note de la page 170).

[2] La rosaniline étant :

$$\left.\begin{matrix} (C^6H^4) \\ (C^7H^6)^2 \\ H^3 \end{matrix}\right\} Az^3,$$

il s'agit d'expliquer la formation de la rosaniline triméthylée

$$\left.\begin{matrix} C^6H^4 \\ (C^7H^6)^2 \\ (CH^3)^3 \end{matrix}\right\} Az^3,$$

par l'oxydation de la diméthylaniline

$$\left.\begin{matrix} C^6H^5 \\ CH^3 \\ CH^3 \end{matrix}\right\} Az,$$

et par conséquent de se rendre compte de la formation des deux groupes toluylène (C^7H^6) par la transformation que peuvent subir plusieurs molécules de diméthylaniline sous l'influence de l'oxygène. On s'en rend compte en admettant que, sous cette influence, de l'hydrogène est éliminé du groupe phénylique et remplacé par des résidus méthyliques. On sait que MM. Hofmann et Martius ont déterminé une sorte de migration du groupe méthylique de la méthylaniline, ayant réussi à convertir cette base en toluidine, en la soumettant à l'action d'une très-haute

On a cité, à l'appui de cette opinion, les belles recherches de MM. Hofmann et Martius sur la transformation de la méthylaniline en toluidine sous l'influence d'une haute température (voir la note au bas de la page). On a donc pensé qu'il pouvait se former de la toluidine et même de la méthyltoluidine dans l'opération qui consiste à méthyler l'aniline. Mais cette supposition a dû être abandonnée d'abord par la raison que, dans l'opération dont il s'agit, la température ne s'élève pas assez pour que le groupe crésyle (toluyle, $C^6H^4.CH^3$) puisse se former par une migration du groupe méthylique. D'un autre côté, il est facile de produire les violets en oxydant des méthylanilines pures préparées, soit par la décomposition de l'hydrate de triméthylphényl-ammonium, soit par l'action de l'iodure de méthyle sur l'aniline pure.

La question restait donc indécise, lorsque M. Hofmann a entrepris des recherches qui nous semblent l'avoir résolue.

En soumettant à l'oxydation la diméthylaniline pure, il a obtenu un produit qui s'est montré identique par sa composition et ses propriétés avec le méthyliodhydrate de rosani-

température.

$$\underbrace{\left.\begin{matrix} C^6H^5 \\ CH^3 \\ H \end{matrix}\right\} Az}_{\text{Méthyl-aniline.}} \text{ se convertit en } \underbrace{\left.\begin{matrix} C^6H^4.CH^3 \\ H \\ H \end{matrix}\right\} Az.}_{\text{Toluidine}}$$

Dans le cas présent, ce n'est pas une simple migration d'atomes qu'on peut invoquer, c'est un bouleversement plus complet provoqué par l'intervention de l'oxygène. C'est par suite de leur oxydation que la méthylaniline et la diméthylaniline peuvent donner naissance à un dérivé de la rosaniline, renfermant le groupe toluylène. Et pour fixer les idées en prenant un cas simple, la formation d'une diamine renfermant les groupes toluylène, par l'oxydation de deux molécules de méthylaniline, peut être interprétée par l'équation suivante :

$$\underbrace{2\left[\left.\begin{matrix} C^6H^5 \\ CH^3 \\ H \end{matrix}\right\} Az\right]}_{\text{Méthylaniline}} + 2O = \underbrace{\left.\begin{matrix} (C^6H^4.CH^2)'' \\ (C^6H^4.CH^2)'' \\ H^2 \end{matrix}\right\} Az^2}_{\text{Ditoluylène-diamine.}} + 2H^2O.$$

line triméthylique (voir p. 87) préparé par méthylation directe de la rosaniline. En effet, ces deux corps ont fourni les mêmes dérivés sous l'influence des mêmes agents. Par l'action de l'iodure de méthyle, l'un et l'autre donnent d'abord du vert (diméthyliodhydrate de rosaniline triméthylée), puis du violet (triméthyliodhydrate de rosaniline triméthylée), produit si bien caractérisé par sa magnifique couleur.

En faisant réagir sur le violet de méthylaniline du chlorure de benzyle, M. Hofmann a obtenu, d'un autre côté, une matière colorante soluble, violette, identique à celle qui se produit lorsqu'on fait réagir sur la rosaniline le chlorure de benzyle en présence de l'iodure de méthyle. Dans l'un et l'autre cas, il se forme de l'iodométhylate de rosaniline tribenzylée.

$$C^{20}H^{16}(C^7H^7)^3Az^3.CH^3I.$$

Enfin une preuve additionnelle en faveur de l'identité des violets Hofmann et des violets de méthylaniline, semble ressortir des recherches de MM. Lauth et Grimaux. En faisant réagir le chlorure de benzyle sur la rosaniline, ces chimistes ont observé la formation d'un violet benzylé, insoluble dans l'eau. Or la même matière violette insoluble se forme aussi par l'action du chlorure de benzyle, sous pression et vers 140 degrés, sur le violet de méthylaniline en solution alcoolique. Dans cette curieuse réaction, les groupes méthyliques d'une partie de la rosaniline méthylée sont déplacés par des groupes benzyliques provenant du chlorure de benzyle. Lorsqu'on reprend le tout par l'eau la rosaniline benzylée, $C^{20}H^{16}(C^7H^7)^3Az^3$, se précipite. La portion de la matière violette qui reste en solution et qui présente une nuance bleue a été formée par la fixation du chlorure de méthyle, engendré dans la réaction, sur un excès de monochloro-méthylate de rosaniline triméthylée (violet de méthylaniline page 87), et même sur une portion du violet benzylé. Il se forme ainsi des di- et des tri-chlorométhylates de rosaniline triméthylée ou tribenzylée qui restent en solution. Une portion du chlorure de méthyle se dégage. Cette double réaction est favorisée par l'élévation de la température et par la durée de l'opération. Au fur et à mesure que la quantité de matière violette insoluble (rosaniline benzylée) augmente, la quantité de violet soluble diminue, et la teinte de ce dernier vire davantage au bleu. Cet argument est de M. Ch. Girard.

MM. Hofmann et Ch. Girard avaient déjà observé un déplacement analogue de groupes alcooliques les uns par les autres, en faisant réagir du bromure d'amyle sur la rosaniline en présence de l'alcool méthylique ou éthylique. Par suite d'un échange de radicaux, il s'est formé du bromure de méthyle ou d'éthyle et de l'alcool amylique. En réagissant sur la rosaniline, les bromures alcooliques produisaient des matières colorantes vertes; mais, à une température plus élevée et par une action prolongée, cette matière verte était décomposée à son tour par suite d'un nouvel échange de radicaux, l'amyle prenant dans la molécule rosanilique la place du méthyle.

IX

VIOLETS DE BENZYLROSANILINE OU VIOLETS BENZYLÉS

MM. Lauth et Grimaux ont eu les premiers l'idée de remplacer par le radical benzyle, l'hydrogène « disponible » de la rosaniline. Les violets benzylés dérivés de cette base sont insolubles dans l'eau et présentent des nuances violettes virant sur le bleu. Lorsqu'on les prépare en faisant réagir sur les violets de méthylaniline le chlorure de benzyle, on obtient des violets solubles d'une nuance bleue et qui présentent probablement une composition analogue à celle de l'iodométhylate du rosaniline tribenzylée décrit par M. Hofmann (voy. page 90). Dans cette réaction, le radical benzyle se substitue au radical méthyle, et il se forme un dérivé benzylé de la rosaniline[1], lequel s'unit sans doute à du chlorure de méthyle pour former un chlorométhylate soluble. Nous allons décrire les procédés en usage pour la préparation du chlorure de benzyle et des violets benzylés. Dans un appendice, nous indiquerons la préparation artificielle de l'acide benzoïque par l'oxydation du chlorure de benzyle.

Préparation du chlorure de benzyle.

On le prépare en faisant réagir le chlore sur le toluène en vapeur. L'opération est disposée de la manière suivante dans l'usine de M. Poirrier :

Les vases en grès dans lesquels on dégage le chlore par l'action de l'acide chlorhydrique sur le peroxyde de manganèse sont placés dans un bain-marie allongé. Des tubes de plomb conduisent le chlore dans de grands ballons de verre dans lesquels on a introduit le toluène. Les ballons baignent dans une solution concentrée de chlorure de calcium. On chauffe ce bain pour maintenir le toluène en ébullition, et

1

$$\underbrace{\left.\begin{matrix}(C^6H^4)''\\ 2(C^7H^6)''\\ (CH^3)^3\end{matrix}\right\}Az^3}_{\text{Rosaniline triméthylée.}} + \underbrace{3C^7H^7Cl}_{\text{Chlorure de benzyle.}} = \underbrace{\left.\begin{matrix}(C^6H^4)''\\ 2(C^7H^6)''\\ 3(C^7H^7)\end{matrix}\right\}Az^3}_{\text{Rosaniline tribenzylée.}} + \underbrace{3CH^3Cl.}_{\text{Chlorure de méthyle.}}$$

La rosaniline tribenzylée, formée dans cette réaction, peut fixer une ou plusieurs molécules de chlorure de méthyle pour former un chlorométhylate analogue à l'iodométhylate mentionné plus haut et qui est soluble dans l'eau.

Il faut ajouter que dans la réaction précédente la substitution du benzyle au méthyle peut ne pas être complète, un ou deux groupes méthyliques restant dans la molécule pour former une rosaniline méthylbenzylée.

l'on fait arriver le courant de chlore dans le liquide, de telle façon que le tube de verre qui termine le tube de plomb plonge à une petite distance au-dessous de la surface. La réaction s'établit principalement dans l'atmosphère du ballon, entre le chlore et la vapeur de toluène. Il se dégage du gaz chlorhydrique, et il se forme du chlorure de benzyle. Celui-ci se condense, avec le toluène entraîné, dans un serpentin en grès qui surmonte le ballon, de façon que les liquides condensés refluent sans cesse dans ce dernier. Le gaz chlorhydrique, qui arrive seul à l'extrémité du serpentin, est conduit dans des bonbonnes renfermant de l'eau dans laquelle il se dissout.

Le chlorure de benzyle formé est lavé avec de l'eau renfermant une petite quantité d'alcali. C'est un produit incommode qui irrite les yeux.

APPENDICE. — *Préparation de l'acide benzoïque.*

Nous placerons ici la description du procédé qui sert à préparer cet acide, que l'on emploie pour la fabrication du bleu. On l'obtient en oxydant le chlorure de benzyle par l'acide nitrique. L'opération s'exécute dans de grands ballons de verre surmontés de serpentins en grès, qui servent d'appareils cohobateurs. Les ballons sont placés dans un bain de chlorure de calcium. De fait, les appareils sont analogues à ceux qui servent à la préparation du chlorure de benzyle et qui viennent d'être décrits. Pour 1 partie de chlorure de benzyle, on emploie 5 parties d'acide nitrique à 35 degrés, que l'on étend d'une certaine quantité d'eau. On entretient l'ébullition jusqu'à ce que le chlorure de benzyle ait disparu ; l'opération dure ordinairement deux jours.

Une partie de l'acide benzoïque se sépare à l'état fondu ; une autre partie reste en solution dans le liquide bouillant et se dépose en cristaux par le refroidissement. L'oxydation étant terminée, on transvase le contenu des ballons dans des vases en grès, où on le laisse refroidir. On recueille l'acide benzoïque dans d'autres vases en grès percés de trous. Pour le purifier, on le convertit en benzoate de chaux qu'on fait cristalliser deux fois, au besoin après addition de charbon animal, dans le but de décolorer la liqueur. Finalement, la solution chaude de benzoate de chaux est décomposée par l'acide chlorhydrique. L'acide benzoïque se sépare à l'état cristallisé. On peut se dispenser de le sublimer.

Préparations des violets benzylés.

Dans une chaudière en fonte, d'une capacité de 200 litres et munie d'un appareil cohobateur, on introduit :

Chlorure de benzyle.	1 partie.
Violet de méthylaniline.	2
Alcool.	2
Soude.	q. s.

La cornue est placée dans un bain-marie qn'on chauffe à 80 degrés. La réaction s'établit. Les vapeurs d'alcool qui s'échappent sont condensées par le cohobateur et refluent. La réaction terminée, ce qui arrive au bout de six à huit heures de chauffe, on laisse refroidir, et l'on ajoute à la masse une quantité d'acide chlorhydrique suffisante pour saturer la liqueur. On introduit le tout dans l'eau bouillante et l'on filtre. On sépare ainsi les matières résineuses, tandis que le chlorhydrate du violet benzylé passe à l'état de solution. On le précipite en ajoutant à la liqueur du chlorure de sodium. Les eaux mères qui en retiennent encore une petite quantité sont précipitées par la chaux; le précipité est repris par l'acide chlorhydrique, et le chlorhydrate soluble est précipité par le sel marin, comme il a été dit ci-dessus pour le violet de Paris.

Violet benzylé, marque très-bleue sur soie.

Lorsqu'on veut produire des violets plus bleus, on chauffe sous pression dans un autoclave, de 80 à 100 degrés.

X

VERTS D'ANILINE

1° VERT A L'ALDÉHYDE.

On sait que la première matière colorante verte, dérivée de l'aniline et qui ait été employée en teinture, a été découverte par M. Cherpin, chimiste chez M. Eusèbe, à Saint-Ouen, près Paris. Le brevet relatif à l'exploitation de cette découverte a été pris par M. Eusèbe en octobre 1862. Le procédé employé consistait à traiter la rosaniline, dissoute dans l'acide sulfurique étendu, d'abord par l'aldéhyde, de manière à former la couleur bleue, magnifique, mais fugace, découverte par M. Ch. Lauth (bleu à l'aldéhyde), et puis par une solution d'hyposulfite de soude. Après quelques minutes d'ébullition, il se développe une matière colorante verte qui reste en dissolution et qu'on précipite par l'acide tannique ou par l'acétate de soude. L'histoire de cette découverte et le procédé employé pour la rendre applicable à l'industrie ont été décrits en détail dans le Rapport sur l'Exposition de 1867[1]. Nous n'y reviendrons pas. Aussi bien cette fabrication est-elle abandonnée aujourd'hui. Mentionnons seulement un travail de M. Hofmann qui a fixé la composition du vert à l'aldéhyde. Ce chimiste en exprime la composition par la formule $C^{22}H^{27}Az^{3}S^{2}O$, qui fait voir que l'hyposulfite intervient d'une manière nécessaire dans la formation du vert, en lui fournissant du soufre, mais qui laisse dans l'ombre l'interprétation précise de cette réaction, ainsi que la constitution du produit engendré.

2° VERT A L'IODE.

Le Rapport de 1867 mentionne brièvement une autre matière colorante verte dérivée de l'aniline ou plutôt de la rosaniline, et qui est connue sous le nom de *vert à l'iode*. Ce produit prend naissance en même temps que le violet Hofmann (iodhydrate de triméthylrosaniline) dans l'action de l'iodure de méthyle sur la rosaniline. En épuisant ces violets méthylés par l'eau bouillante, on obtenait une solution d'un bleu verdâtre qui renfermait la matière verte. On ajoutait à cette solution du carbonate de soude, de manière à séparer une cer-

[1] T. VII, p. 265

taine quantité de violet. Le vert qui restait en dissolution était précipité par l'acide picrique.

Le mode de formation et la constitution de cette matière verte étaient inconnus à cette époque. Il était donc difficile d'établir les conditions d'une fabrication régulière, et il est à remarquer que celles qui conviennent pour la production la plus avantageuse d'un violet de bonne qualité contrarient la formation abondante du vert, et réciproquement. Aussi a-t-on produit pendant plus de deux années des violets méthyliques sans remarquer la formation simultanée du vert ou sans pouvoir en tirer parti. Le degré de la température pendant la réaction (il suffisait de chauffer à 110 degrés pour détruire la matière verte), l'état de sécheresse du sel de rosaniline, la durée de l'ébullition de la solution aqueuse du vert, toutes ces conditions étaient difficiles à déterminer, mais essentielles au point de vue du succès. Aujourd'hui, tout cela est éclairci. Grâce aux recherches entreprises en 1869 par MM. Hofmann et Ch. Girard, on connaît le mode de formation et la constitution de la matière verte. C'est le diméthyliodhydrate de rosaniline triméthylée. Sa formule a été indiquée (page 87) en même temps que celle des autres produits qui résultent de la réaction dont il s'agit. Nous allons indiquer le procédé le plus avantageux pour sa préparation.

Préparation du vert à l'iode.

Dans un autoclave en fonte émaillée, très-résistant et muni d'un agitateur, on introduit :

Acétate de rosaniline.	10 kilog.
Violet de méthylaniline.	20
Alcool méthylique.	20

On chauffe pendant trois ou quatre heures au bain d'huile.

Au commencement, on peut élever sans inconvénient la température à 120 degrés ; à la fin, il est essentiel de ne pas dépasser 60 degrés. La pression s'élève à 10 ou 12 atmosphères. Pendant toute la durée de l'opération, on agite la masse afin de renouveler les surfaces. On laisse refroidir, puis on ouvre un robinet qui est en communication avec un serpentin. Il s'échappe une certaine quantité de gaz qui entraînent de l'iodure de méthyle et aussi de l'oxyde de méthyle. On fait bar-

Vert lumière, marque jaune.

boter le gaz à travers une série de touries renfermant, les unes de la soude qui fixe les vapeurs iodées, les autres un mélange de bichromate de potasse et d'acide sulfurique.

Le dégagement ayant cessé, on chauffe au bain-marie, vers 50 degrés, la masse qui reste dans l'autoclave, afin de distiller l'excès d'iodure de méthyle ; après quoi on la dissout dans l'eau à 60 degrés ; on agite, on sature exactement la solution par le carbonate de soude, et on précipite l'excès de matière violette en ajoutant une petite quantité de sel marin. La matière colorante verte reste en dissolution et est séparée du précipité par filtration.

On emploie pour cette opération des filtres-presses analogues à ceux qui sont en usage dans l'industrie sucrière. La solution du vert passe et est précipitée par l'acide picrique.

La combinaison que l'on obtient ainsi est peu soluble dans l'eau. Pour la dissoudre, on emploie comme véhicule l'alcool faible. C'est là un inconvénient en teinture. MM. de Laire et Ch. Girard y ont remédié en remplaçant l'acide picrique par un sel de zinc. Il se forme ainsi un composé zincique analogue aux composés platiniques si connus des chimistes[1]. Il est très-soluble dans l'eau et cristallise facilement. C'est ce produit qui est actuellement employé en teinture.

Traitement des résidus des verts à l'iode.

Nous avons mentionné plus haut les matières violettes qui se forment en même temps que le vert par l'action de l'iodure de méthyle sur la rosaniline. Ce produit est formé principalement de triméthyliodhydrate de rosaniline triméthylée. Il renferme aussi des leucanilines plus ou moins méthylées, qui ont pris naissance par l'action de l'acide iodhydrique sur la rosaniline et sur le monométhyliodhydrate de rosaniline triméthylique. Il constituait un résidu dont on pouvait tirer parti en teinture, mais qu'on était obligé de livrer à des prix très-inférieurs à ceux des violets directs. La nature du produit

[1] La composition de ce composé zincique est exprimée par la formule suivante :

$$C^{20}H^{16}(CH^3)^5Cl^2Az^3.H^2O + ZnCl^2 = \underbrace{C^{20}H^{16}(CH^3)^3Az^3.(CH^3Cl)^2}_{\text{Dichlorométhylate de rosaniline triméthylée.}} + ZnCl^2 + H^2O.$$

Dans cette combinaison, le chlore remplace l'iode du composé primitif, par suite d'une double décompostiion qui se produit soit par l'action du sel marin, soit par celle du chlorure de zinc.

dont il s'agit ayant été déterminée, MM. Hofmann et Ch. Girard conçurent l'idée de le convertir en vert.

Le produit dont il s'agit ne diffère, en effet, du vert que par une molécule d'iodure de méthyle en plus. Lui enlever directement cette unique molécule de CH^3I est impossible. Mais, lorsqu'on le chauffe à 150 degrés, on le dédouble : il se dégage de l'iodure de méthyle, et il se forme de l'acide iodhydrique, lequel reste uni à de la rosaniline triméthylique. Cet iodhydrate de triméthylrosaniline ainsi formé est décomposé par un alcali de manière à isoler la base. Cette dernière est chauffée avec de l'iodure de méthyle et un excès d'alcool méthylique. Dans ces conditions, si l'on a soin de ne pas dépasser une certaine température (42 degrés, point d'ébullition de l'iodure de méthyle), elle se transforme presque entièrement en diméthyliodhydrate de rosaniline triméthylée, c'est-à-dire en vert. On purifie ce dernier par le procédé qui vient d'être indiqué.

3° VERT DE MÉTHYLANILINE, VERT LUMIÈRE.

C'est la rosaniline qui forme le point de départ du vert à l'iode. On a réussi, dans ces dernières années, à préparer la même matière colorante verte en transformant le violet de Paris que l'on obtient directement par l'oxydation de la diméthylaniline, sans l'intermédiaire de la rosaniline. C'était là un premier avantage, par la raison que la préparation de cette dernière matière met en jeu un agent dangereux, l'acide arsénique. Mais ce n'est pas tout. La préparation du vert s'effectue aujourd'hui dans des conditions économiques favorables, par suite de la suppression de l'iodure de méthyle, non-seulement pour la préparation du violet, mais aussi pour sa transformation en vert. C'est à MM. Lauth et Baubigny que revient le mérite de cette dernière découverte, ou au moins de son application à l'industrie. L'idée en a été énoncée dans des travaux antérieurs. On sait que M. Carey Lea a remplacé par les nitrates de méthyle et d'éthyle les iodures des mêmes radicaux pour la préparation des ammoniaques méthyliques et éthyliques. D'un autre côté, M. H. Lewinstein, dans un brevet pris en 1864, indiquait la réaction des nitrates alcooliques, sur la rosaniline pour l'obtention des matières violettes (p. 80).

Parmi les éthers composés qu'on pouvait ainsi substituer aux éthers simples, et particulièrement aux iodures, MM. Lauth et Baubigny ont signalé les sulfates, les phosphates, les nitrates, et particulièrement le nitrate de méthyle, sur lequel leur choix s'est arrêté. En faisant réagir sur la base du violet du nitrate de méthyle, ils ont formé le diméthylnitrate de rosaniline triméthylée, qui correspond au diméthyliodure de rosaniline triméthylée[1].

On sait que la vapeur du nitrate de méthyle détone lorsqu'elle est surchauffée. L'emploi d'un corps aussi dangereux n'a pas été accepté sans hésitation. Pourtant, par les soins dont sa préparation était entourée et par les précautions qui avaient été prises dans l'usine de M. Poirrier et qu'un hasard malheureux a déjouées il y a quelques mois, cette préparation était devenue une opération industrielle courante et qui s'accomplissait avec une grande régularité. Nous la décrirons ici avant d'indiquer la préparation du vert lumière.

Préparation du nitrate de méthyle.

On fait réagir sur l'esprit de bois un mélange d'acide sulfurique et de nitrate de potasse, selon le procédé indiqué par

[1] $C^{20}H^{16}(CH^3)^3Az^3.(CH^3I)^2$, diméthyliodure de rosaniline triméthylée (vert à l'iode.
$C^{20}H^{16}(CH^3)^3Az^3.(CH^3AzO^3)^2$, diméthylnitrate de rosaniline triméthylée (vert lumière).

MM. Dumas et Peligot dans leur mémoire classique sur l'alcool méthylique.

L'opération s'exécute dans quatre grands ballons de verre offrant une capacité de 18 à 20 litres et placés dans un bain-marie. Chacun d'eux reçoit $5^k,500$ de nitre. D'autre part, on mélange avec précaution $6^k,200$ d'acide sulfurique et $2^k,500$ d'esprit de bois à 95 degrés, bien débarrassé de produits empyreumatiques, et l'on fait couler ce mélange par filets dans chaque ballon. Le bain-marie est chauffé à 80 degrés. La réaction commence bientôt, et le nitrate de méthyle distille. Les vapeurs qui se dégagent des quatre ballons sont dirigées par des allonges dans un serpentin commun où elles se condensent. Au bout de trois heures, la distillation est terminée. L'éther brut, qui marque 20 à 21 degrés Baumé, est séparé par décantation d'une eau acide qui s'est condensée en même temps. On le met en digestion sur du chlorure de calcium, qui absorbe une petite quantité d'eau et l'excès d'esprit de bois. Sec, il n'est point pur : il renferme, indépendamment d'un excès d'esprit de bois, une petite quantité de chlorure de méthyle, ainsi que du nitrite de méthyle, le chlorure provenant d'une faible proportion de chlorure de potassium que renferme le salpêtre, le nitrite d'une réduction partielle de l'acide nitrique.

Pour débarrasser l'éther brut de ces produits volatils, on le chauffait au bain-marie dans une marmite doublée de plomb et surmontée d'un chapiteau mis en communication avec un serpentin. On arrêtait l'opération lorsque, une petite quantité de liquide ayant passé, la température avait atteint le point d'ébullition du nitrate de méthyle[1]. Les premiers produits de condensation sont riches en esprit de bois, qui est entraîné

[1] C'est l'opération décrite ici et qui consiste à débarrasser le nitrate de méthyle brut de ces produits volatils, qui a donné lieu, par suite de l'imprudence d'un ouvrier, à la terrible explosion de l'usine Poirier.

par les vapeurs les plus volatiles. Le nitrate ainsi purifié, qui restait dans la marmite après le refroidissement, était employé pour la fabrication du vert lumière. La préparation du nitrate de méthyle s'exécutait très-régulièrement, et le rendement atteignait 150 pour 100 de l'esprit de bois employé. Dans l'usine de M. Poirrier, en faisant deux opérations par jour, avec une batterie de douze ballons, on produisait de 80 à 84 kilogrammes de nitrate de méthyle.

On a remarqué que le danger de l'explosion du nitrate de méthyle est écarté lorsqu'on y ajoute deux parties d'alcool méthylique.

Préparation du vert lumière.

On prend :

Violet de Paris.	2 parties.
Alcool méthylique.	3
Nitrate de méthyle.	1
Chaux ou alcali.	q. s. pour saturer l'acide du violet de Paris.

On introduit ces matières dans un grand cylindre en fonte disposé horizontalement dans un bain-marie, où il plonge à moitié, et qui est traversé par un axe de rotation horizontal muni de palettes. On chauffe pendant dix à douze heures de 70 à 80 degrés, en ayant soin d'agiter continuellement la masse. La réaction terminée, on vide le contenu du cylindre dans une barque, en exerçant une pression, à l'aide d'une pompe à air, sur la surface du liquide. La barque contient de l'eau. On y ajoute de l'acide chlorhydrique jusqu'à neutralisation, puis on fait bouillir. La solution renferme le dichlorométhylate de rosaniline triméthylée (vert) et un excès de chlorhydrate de rosaniline triméthylée (violet). On précipite la plus grande partie de ce dernier en ajoutant du sel marin à la solution. On filtre sur feutre.

La liqueur renferme encore une petite quantité de violet en solution, indépendamment du dichlorométhylate de rosaniline triméthylée, lequel s'est formé dans le cours de l'opération[1]. Il s'agit d'abord d'épurer cette solution en séparant complétement le violet. Pour cela, on ajoute à la liqueur, avec précaution et par fractions de millième, une solution de chlorure de zinc, qui précipite d'abord le violet (chlorhydrate de rosaniline triméthylée) sous forme d'une combinaison zincique insoluble, analogue aux combinaisons platiniques des bases organiques. Pour reconnaître la limite de cette séparation, on s'assure, par des essais de laboratoire, du degré de pureté de la solution, et, lorsqu'on est arrivé au terme de l'opération, on jette le tout sur un filtre : la combinaison zincique du violet y reste ; le vert demeure en solution. On ajoute alors un excès de chlorure de zinc au liquide filtré, et l'on précipite ainsi

[1] On admet généralement que ce dichlorométhylate prend naissance par suite d'une double décomposition entre le dinitrométhylate primitivement formé et le chlorure de sodium ou le chlorure de zinc. Cette double décomposition est exprimée par l'équation suivante :

$$\underbrace{\left.\begin{matrix}(C^6H^4)'' \\ 2(C^7H^6)'' \\ (CH^3)^3\end{matrix}\right\} Az^3.\left\{\begin{matrix}CH^3.AzO^3 \\ CH^3.AzO^3\end{matrix}\right\}}_{\text{Dinitrométhylate de rosaniline triméthylée.}} + 2NaCl = \underbrace{\left\{\begin{matrix}(C^6H^4)'' \\ 2(C^7H^6)'' \\ (CH^3)^3\end{matrix}\right\} Az^3.\left\{\begin{matrix}CH^3Cl \\ CH^3Cl\end{matrix}\right\}}_{\text{Dichlorométhylate de rosaniline triméthylée.}} + 2AzO^3Na.$$

Cette réaction nous paraît probable; pourtant l'opinion qui a été adoptée peut soulever une objection. Il faut se rappeler, en effet, que le vert est fabriqué en présence de la chaux dans un milieu alcalin, et que cet alcali pourrait décomposer le dinitrométhylate qui prend naissance par l'action du nitrate de méthyle sur la base du violet. Il se formerait alors du dihydrate de rosaniline triméthylée, qui se transformerait en dichlorométhylate lorsqu'on neutralise par l'acide chlorhydrique.

Mais, d'un autre côté, il ne faut pas perdre de vue la grande stabilité des sels d'ammoniums quaternaires. L'iodure de tétraméthylammonium n'est pas décomposé par la potasse, etc. : le dinitrométhylate dont il s'agit pourrait ne pas être décomposé par la chaux, bien qu'il fût susceptible d'éprouver des doubles décompositions.

une combinaison double de chlorure de zinc et de dichlorométhylate de rosaniline triméthylée. La précipitation de ce sel

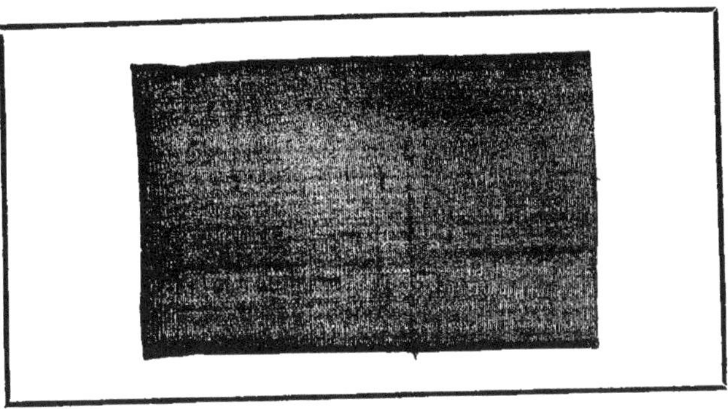

Vert lumière, marque bleue sur soie.

double est favorisée par l'addition d'un excès de sel marin. Pour achever la préparation, il ne reste plus qu'à purifier la combinaison zincique en lui faisant subir une nouvelle cristallisation.

Un autre procédé de purification consiste à agiter la solution aqueuse du vert avec de l'alcool amylique. Ce dernier ne dissout que le vert, le violet restant dans la solution aqueuse.

Le procédé que l'on vient de décrire est une modification de celui qui avait été primitivement employé, et qui consistait à faire réagir le nitrate de méthyle, non sur le violet de Paris en présence d'une base capable de le décomposer, mais sur la base elle-même du violet de Paris, mise en liberté dans une opération préalable.

Remplacement du nitrate de méthyle par un autre éther méthylique.

L'emploi du nitrate de méthyle dans l'industrie n'est pas exempt de dangers. Il était donc désirable qu'on pût le remplacer par un autre éther, et l'on y est arrivé dans ces derniers temps. Il ne serait même pas impossible que l'abaissement des prix de l'iode permît, un jour ou l'autre, de revenir à l'emploi des iodures de méthyle et d'éthyle. Il faut considérer, en effet, que l'iode peut se retrouver en grande partie après avoir servi à la transformation du violet en vert [1], la perte en iode dans chaque opération ne s'élevant qu'à 20 pour 100 environ. Le prix de l'iode étant évalué à 30 francs, la perte par kilogramme employé se réduirait donc à 6 francs, et cette perte serait compensée, en partie du moins, par le rendement plus élevé que l'emploi des iodures alcooliques permet d'atteindre.

L'emploi du bromure d'éthyle serait encore plus avantageux. On peut retrouver le brome dans les produits accessoires de la réaction, et, comme son prix est descendu à 5 francs le kilogramme, en comptant 2 fr. 50 cent. pour les pertes et les frais de régénération, ce n'est que 2 fr. 50 cent. que l'on perdrait par chaque kilogramme de brome employé. Et il faut ajouter que l'effet utile du brome est supérieur à celui de l'iode dans le rapport inverse des poids atomiques, c'est-à-dire de 127 à 80.

Mais l'industrie a résolu depuis peu le problème difficile de remplacer l'iodure et le bromure d'éthyle par le chlorure lui-même. Le problème était difficile, en raison de l'état gazeux du chlorure, qu'il est nécessaire de condenser à l'état liquide. Or

[1] L'iode reste en solution à l'état d'iodure alcalin après la précipitation par le chlorure de sodium et par le chlorure de zinc.

ce liquide bout à — 12 degrés, et développe à la température ordinaire, et à plus forte raison vers 80 ou 100 degrés, de fortes pressions. M. Monnet, fabricant de couleurs d'aniline, à la Plaine, près Genève, a réussi à vaincre ces difficultés. (Pli cacheté déposé à l'Académie des sciences, le 26 novembre 1874.)

Le chlorure de méthyle, préparé dans des appareils particuliers, est emmagasiné à l'état liquide, dans un réservoir muni d'un niveau indicateur. Au moyen d'un système spécial de communication et d'obturateurs, on le distille dans des autoclaves refroidis, dans lesquels on a introduit la base du violet en solution alcoolique. On détermine la réaction en chauffant à 80 degrés. Le vert produit est séparé du violet par les procédés ordinaires : c'est du dichlorométhylate de rosaniline triméthylée.

Le rapporteur doit ces détails à l'obligeance de M. Monnet.

En terminant, nous devons signaler quelques tentatives faites par divers chimistes pour engendrer des matières colorantes vertes à l'aide de divers dérivés benzyliques. MM. Ch. Lauth, Bardy, Poirrier, ont essayé d'obtenir directement de telles matières en déshydrogénant la dibenzylaniline[1]. Le produit obtenu étant peu soluble dans l'alcool, on a renoncé à son emploi. Enfin MM. Girard et de Laire ont obtenu avec la benzyldiphénylamine (dibenzylaniline) des matières colorantes vertes qui n'ont pas encore reçu d'application industrielle.

[1] 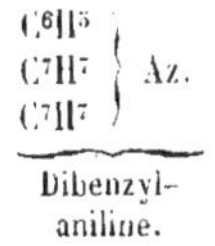

$$\left.\begin{matrix} C^6H^5 \\ C^7H^7 \\ C^7H^7 \end{matrix}\right\} Az.$$

Dibenzylaniline.

XI

NOIR D'ANILINE

Le noir d'aniline n'est pas, à proprement parler, une matière colorante commerciale représentant une espèce chimique déterminée, comme les autres couleurs d'aniline. C'est une couleur d'application que l'on produit sur le tissu même, et dont la composition n'est pas encore bien connue. Le Rapport de 1867[1] a tracé l'histoire de sa découverte par M. John Lightfoot, vers la fin de 1862, ainsi que les perfectionnements introduits, en janvier 1865, dans le procédé primitif, par M. Ch. Lauth, auquel l'industrie des couleurs artificielles est redevable de si grands progrès. Rappelons en peu de mots les indications données par ce dernier chimiste.

On prépare séparément deux cuites renfermant, l'une du sulfure de cuivre épaissi par l'amidon, l'autre un mélange de chlorhydrate d'aniline et de chlorate de potasse pareillement épaissi. Les proportions employées sont les suivantes :

1°	Eau	500 gr.
	Amidon	1,000
	Sulfure de cuivre	250
2°	Eau	1,850
	Amidon grillé	1,200
	Dissolution de gomme adragante	1 litre.
	Chlorhydrate d'aniline	800 gr.
	Chlorhydrate d'ammoniaque	100
	Chlorate de potasse	300

[1] *Rapports du Jury international*, t. VII, p. 271.

On laisse refroidir séparément, puis on mêle à froid et l'on imprime par les procédés ordinaires. Après dessiccation, on expose le tissu imprimé, dans les chambres d'oxydation, à une température comprise entre 20 et 30 degrés.

Le noir se développe sous la double influence des agents d'oxydation et de l'air sur l'aniline. Au bout de vingt-quatre heures, on lave.

La réaction qui donne naissance au noir dans ces conditions

Noir d'aniline sur coton.

n'est pas parfaitement élucidée, mais on connaît le rôle que joue le sulfure de cuivre.

Il s'oxyde de manière à se convertir en sulfate, et celui-ci se réduit de nouveau en sulfure en oxydant l'aniline. L'agent d'oxydation est le chlorate de potassium, qui se décompose par l'action de l'acide chlorhydrique du chlorhydrate d'aniline. Cet acide devient libre par suite de l'oxydation de l'aniline, dès que la réaction est mise en train. Et le concours de l'air n'est pas inutile pour produire cette oxydation, et, par suite, cette mise en train. Mais on voit que le sulfate de cuivre ne prend naissance que sur le tissu lui-même et pour se détruire aussitôt : il ne peut donc exercer aucune influence fâcheuse sur les racles et sur les rouleaux en acier et en fer dont on se sert en impression. On voit aussi que le mélange ne devient pas sensiblement acide, car l'acide chlorhydrique mis en liberté par suite de l'oxydation de l'aniline agit sans cesse sur le chlorate de potasse. C'est là un avantage marqué, car l'acide libre que renfermait le mélange employé par M. Lightfoot affaiblissait sensiblement la fibre textile. Quoi qu'il en soit, le noir ainsi obtenu est parfaitement insoluble, et se fixe comme tel sur la fibre du tissu. D'après les expériences de MM. Ch. Lauth et Rosenstiehl, le cuivre semblerait être un élément essentiel du noir d'aniline.

Diverses autres recettes pour la production du noir d'aniline ont été indiquées par MM. Paraf, Rosenstiehl, C. Koechlin. Nous renvoyons à cet égard au Rapport de 1867.

Rappelons seulement que M. C. Koechlin a proposé une recette dans laquelle le sulfure de cuivre de M. Lauth est remplacé par le ferrocyanure de potassium. Ce sel nous paraît jouer un rôle analogue à celui du sulfure de cuivre. Il s'oxyde sous l'influence de l'acide chlorhydrique et du chlorate de potasse pour devenir ferricyanure (prussiate rouge), et celui-ci à son tour oxyde l'aniline pour produire du noir.

Sauf quelques modifications de détail qui ont pu être introduites par quelques fabricants, la recette de M. Ch. Lauth est encore employée dans ce qu'elle a d'essentiel. On a pu rendre la couleur d'application plus ou moins intense, plus ou moins acide, mais le principe de la méthode est demeuré le même. De fait, le noir d'aniline est devenu la couleur d'application la plus employée et rend des services de premier ordre aux imprimeurs.

Il présente pourtant deux inconvénients qui sont les suivants : premièrement, il verdit sous l'influence des acides; en second lieu, il ne peut pas être vaporisé directement, mais exige au préalable un étendage dans la chambre chaude, comme nous l'avons dit plus haut. Nous allons entrer dans quelques développements sur ces deux points.

1° Lorsque le noir fixé sur un tissu est exposé à une atmosphère plus ou moins acide, il verdit. Cet inconvénient se manifeste surtout avec les noirs peu intenses produits à bon marché, et par conséquent de qualité inférieure, tels qu'ils sont fabriqués à Rouen. Il est beaucoup moins sensible pour les noirs intenses, foncés, et par conséquent de qualité supérieure, que l'on fabrique à Mulhouse. Mais enfin il existe toujours dans une certaine mesure. M. Ch. Lauth est d'avis que ce verdissage du noir d'aniline est une qualité essentielle à sa nature; selon lui, il tourne au vert sous l'influence des acides, comme le tournesol tourne au rouge. Et de fait, de même qu'on peut restituer au tournesol rouge la couleur bleue au moyen d'un alcali, de même aussi on peut ramener la couleur noire au moyen d'un lavage, ou mieux au moyen d'un savonnage. Malheureusement, tous les genres ne supportent pas cette dernière opération, et l'on doit désirer que de nouvelles recherches fassent découvrir un remède à l'inconvénient dont il s'agit.

2° Nous avons déjà indiqué le second inconvénient. Le noir d'aniline ne comporte le vaporisage qu'après s'être développé dans la chambre chaude. Les imprimeurs cherchent à transformer aujourd'hui toute leur fabrication en procédés de couleur-vapeur, et il s'agirait de trouver un noir qui se développât aussitôt après l'impression, sous l'influence de la vapeur, en même temps que les autres couleurs-vapeur. Le noir de M. Ch. Lauth ne possède pas cette propriété : imprimé sur un tissu qui serait soumis directement à l'action de la vapeur, il ne sortirait que difficilement. Certains fabricants ont cherché à résoudre cette difficulté en se servant d'une couleur renfermant du chlorate et du prussiate de potasse en même temps que du chlorhydrate d'aniline. Avec cette recette ou d'autres qui sont tenues secrètes, le noir se développe bien au vaporisage, mais il est moins solide que le noir de M. Lauth et verdit beaucoup plus vite.

Noir d'aniline en teinture.

Les essais tentés jusqu'à ce jour pour employer ou pour appliquer le noir d'aniline en teinture n'ont pas encore abouti d'une manière satisfaisante. On pouvait aborder ce problème de deux façons différentes, ou bien chercher à préparer un bain de teinture avec du noir rendu soluble, ou bien développer ce noir sur des fibres préalablement imprégnées d'un corps oxydant, et plongées ensuite dans un bain renfermant de l'aniline.

Pour rendre le noir soluble, on pourrait essayer de le traiter par l'acide sulfurique, de manière à former des acides sulfoconjugués, comme on le fait avec les bleus d'aniline insolubles, ou avec les bleus de diphénylamine. Cet essai et d'autres que l'on pourrait tenter dans le même sens ne paraissent pas devoir aboutir. Il est dans la nature du noir d'aniline d'être insoluble, et ses qualités sont fondées sur cette insolubilité même. Il paraît donc difficile de le rendre soluble sans le dénaturer. C'est du moins l'opinion de M. Ch. Lauth. Pour l'appliquer en teinture, ce chimiste s'était engagé dans une autre voie qui lui parut plus rationnelle. Il a conseillé de déposer sur la fibre du peroxyde de manganèse et de la plonger ensuite dans une dissolution anilique. On s'est servi de ce procédé; mais les teinturiers ont fini par y renoncer à cause de la difficulté de fixer du bistre sur la fibre.

Nous croyons savoir que le procédé actuellement employé dans quelques ateliers consiste à imprégner la fibre d'un mélange analogue à celui qui sert pour l'impression, et à effectuer l'oxydation en vases clos, dans des tambours mobiles autour de leur axe et chauffés à 30 ou 40 degrés. Le mouvement de rotation fait retomber sans cesse les fils les uns sur les autres, et permet au liquide imprégnant de se distribuer uniformément dans la masse, et, par conséquent, d'effectuer une teinture unie, ce qui est important. Entre les mains de quelques fabricants habiles, ce procédé, délicat en lui-même, donne de bons résultats.

XII

BRUNS D'ANILINE ET DE PHÉLYLÈNE-DIAMINE

BRUN D'ANILINE

On connaît plusieurs matières colorantes dérivées de l'aniline et colorant les fibres textiles en brun, en marron, en grenat. La première a été signalée par M. Perkin en 1863 ; c'est un produit secondaire de la réaction qui donne naissance à la mauvéine (page 121). Peu de temps après, MM. Girard et de Laire ont obtenu une couleur brune en faisant réagir un sel d'aniline sur un sel de rosaniline, le chlorhydrate par exemple, à une température de 240 degrés. Ils portent à cette température un mélange de 4 parties, en poids, de chlorhydrate d'aniline et de 1 partie de chlorhydrate de rosaniline, et maintiennent le tout « en ébullition » pendant une à deux heures. La couleur, qui est d'abord d'un beau rouge violacé, passe brusquement au brun. L'opération touche à sa fin lorsqu'il se produit des vapeurs qui se condensent dans les parties froides de l'appareil, et qu'on perçoit en même temps une odeur d'ail caractéristique.

La matière colorante ainsi obtenue est connue sous le nom de *brun Bismark*. Elle est soluble dans l'alcool, la benzine, l'éther, l'acide acétique. Elle est précipitée de ses solutions par les sels neutres, ce qui offre un bon moyen de purification.

Brun sur laine.

Cette matière donne de très-belles nuances sur la soie, et principalement sur les cuirs et peaux, qu'elle teint directement sans mordant.

BRUN DE PHÉNYLÈNE-DIAMINE

Ce brun, qui est employé actuellement en teinture, résulte de l'action de l'acide azoteux sur une des modifications isomériques de la phénylène-diamine, savoir : la β-phénylène-diamine, qu'on obtient en réduisant la dinitrobenzine ou la nitraniline.

Préparation de la dinitrobenzine.

Pour préparer la dinitrobenzine, on prend pour point de départ soit la nitrobenzine, soit la benzine elle-même. Les appareils qu'on emploie sont ceux qui servent à la préparation de la nitrobenzine et qui sont disposés de manière à pouvoir être chauffés au moyen d'un double fond. Le premier procédé consiste à faire couler la nitrobenzine dans un mélange d'acides sulfurique et nitrique, et à laver à l'eau le produit de la réaction.

Le second procédé, plus généralement employé, parce qu'il évite le soutirage de la nitrobenzine, consiste à faire couler dans la benzine un mélange d'acides sulfurique et nitrique. Pour 100 kilogrammes de benzine, on emploie :

Acide nitrique à 40 degrés.	100 kilog.
Acide sulfurique à 66 degrés.	156

Lorsque l'attaque est terminée, on soutire les acides faibles, et l'on fait couler dans la nitrobenzine produite une nouvelle quantité du mélange d'acides nitrique et sulfurique fait dans les proportions indiquées ci-dessus. Cette fois, les liquides se mêlent complétement et la température s'élève assez pour que la réaction s'achève d'elle-même. Au besoin, on chauffe légèrement pour la terminer. On soutire la dinitrobenzine formée pendant qu'elle est encore tiède et liquide, puis on la lave, d'abord à l'eau chaude, puis à l'eau froide. Ainsi préparée, elle est solide et fusible à 86 degrés.

Réduction de la dinitrobenzine en β-phénylène-diamine.

On effectue cette réduction à l'aide de l'étain et de l'acide chlorhydrique. Pour cela, on fait couler doucement de l'acide chlorhydrique sur un mélange de 1 partie de dinitrobenzine et de 12 parties d'étain. La réaction est vive[1]. Par le refroidissement, il se sépare des cristaux qui sont une combinaison de chlorure stanneux et de chlorhydrate de phénylène-diamine[2]. L'emploi de l'étain dans cette réaction est dispendieux. Aussi a-t-on cherché d'abord à le régénérer en le précipitant par le zinc. On trouve plus commode aujourd'hui de se servir de l'étain pour amorcer la réaction, et d'y ajouter immédiatement du zinc. L'étain, à mesure qu'il entre en dissolution, est précipité par le zinc que l'on ajoute constamment, jusqu'à ce que la réduction soit complète. Le chlorhydrate de β-phénylène-diamine est précipité de sa solution aqueuse par un excès d'acide chlorhydrique. En le décomposant par un alcali, on en sépare la β-phénylène-diamine.

Transformation de la β-phénylène-diamine en matière colorante brune.

Pour effectuer cette transformation, on ajoute peu à peu, à une solution neutre d'azotite de potasse ou de soude, une solution froide, étendue et neutre de β-phénylène-diamine.

[1] Cette réaction est exprimée par l'équation suivante :

$$\underbrace{C^6H^4 \left\{ \begin{matrix} AzO^2 \\ AzO^2 \end{matrix} \right\}}_{\text{Dinitrobenzine.}} + 6H^2 = 4H^2O + \underbrace{C^6H^4 \left\{ \begin{matrix} AzH^2. \\ AzH^2. \end{matrix} \right.}_{\text{β-phénylène-diamine.}}$$

Rappelons qu'on connaît trois isomères possédant la composition de la dinitrobenzine et de la phénylène-diamine.

[2] $$C^6H^4 (AzH^2)^2, 2HCl + Sn^2Cl^4$$

Il faut éviter une élévation de la température. Il se précipite une bouillie cristalline rouge foncé, qu'on lave à l'eau, puis à l'acide chlorhydrique concentré. Elle se dissout d'abord dans cet acide, pour se séparer ensuite à l'état d'un coagulum goudronneux qui est une combinaison de la matière colorante brune avec l'acide chlorhydrique. On reprend ce chlorhydrate par l'eau, dans laquelle il se dissout, et l'on précipite la solution par l'ammoniaque. Ce précipité est un mélange de trois corps différents dont l'un constitue le brun d'aniline. Ce dernier est de beaucoup le plus abondant dans le mélange, dont on l'extrait en l'épuisant par l'eau bouillante. Celle-ci dissout le brun. Les deux autres corps y sont presque insolubles. Ce sont des bases qu'on peut séparer en mettant à profit leur solubilité différente dans l'alcool.

La solution aqueuse du brun teint directement la laine et la soie, sans mordant.

CHAPITRE III

SAFRANINE

Cette matière colorante offre une teinte d'un magnifique rouge-ponceau tirant un peu sur l'écarlate. Signalée pour la première fois par M. E. Willm, elle a été introduite dans la pratique industrielle par M. Perkin en 1868. Elle remplace actuellement le carthame pour la teinture sur coton et sur soie.

Un grand nombre de procédés ont été indiqués pour sa préparation, et l'on doit à MM. Hofmann et Geyger des recherches importantes sur son mode de formation et sa constitution.

La safranine prend naissance par l'action successive de l'acide nitreux et d'un réactif oxydant sur les anilines lourdes ou queues d'aniline. D'après MM. Hofmann et Geyger, elle ne saurait être produite ni avec l'aniline pure, ni avec la toluidine cristallisée, ni avec un mélange de ces deux bases. Ce serait la toluidine liquide ou pseudo-toluidine de M. Rosenstiehl qui lui donnerait naissance.

Aujourd'hui, on emploie, pour la produire, le mélange de bases qui distille dans la préparation de la fuchsine. Cette opération absorbe entièrement la toluidine cristallisée et laisse « échapper » une certaine quantité d'aniline et de pseudotoluidine (aniline lourde). Ce résidu est la matière première de la fabrication de la safranine.

Préparation de la safranine.

Voici comment elle s'exécute dans l'usine de M. Poirrier. Dans de grands vases cylindriques en fonte émaillée et qui sont placés dans un bain d'eau froide, on introduit le mélange de bases que l'on vient de mentionner en même temps que du nitrite de potasse obtenu par l'action de la chaleur sur le nitrate. On ajoute par petites portions de l'acide chlorhydrique, en ayant soin de remuer constamment et d'éviter autant que possible un dégagement de gaz azote par suite d'une réaction trop brusque[1]. Le produit de cette réaction, qui renferme les

[1] Les corps qui prennent naissance dans cette réaction sont complexes. Laissant de côté la pseudo-toluidine, dont les transformations sous l'influence de l'acide nitreux sont analogues à celles qu'éprouve l'aniline, nous allons indiquer brièvement ces dernières transformations.

Par l'action prolongée de l'acide nitreux sur l'aniline, il se forme au diazobenzol :

$$\underbrace{C^6H^5(AzH^2), HCl}_{\text{Chlorhydrate d'aniline.}} + \underbrace{AzHO^2}_{\text{Acide nitreux.}} = 2H^2O + \underbrace{C^6H^5Az^2Cl.}_{\text{Diazobenzol (Chlorure de).}}$$

Par l'action moins prolongée de l'acide nitreux sur l'aniline, celle-ci se trouvant par conséquent en excès, il se forme du *diazoamidobenzol :*

$$\underbrace{2\,[C^6H^5(AzH^2)]}_{\text{Aniline.}} + \underbrace{AzHO^2}_{\text{Acide nitreux.}} = \underbrace{C^6H^4Az^2, C^6H^5(AzH^2)}_{\text{Diazoamidobenzol.}} + 2H^2O.$$

Mais, dans certaines conditions, le diazoamidobenzol peut se couvertir en son isomère l'*amidoazobenzol*, qui peut être obtenu, d'autre part, directement par l'action de l'acide azoteux sur une solution alcoolique d'aniline et par l'action de certains réactifs oxydants sur l'aniline.

Les trois corps qu'on vient de mentionner prennent naissance par l'action de l'acide azoteux sur l'aniline.

Dans l'opération industrielle qui est décrite dans le texte, c'est l'amidoazobenzol qu'on cherche à obtenir de préférence, mais les deux autres prennent naissance en même temps et en proportion plus ou moins grande. Il se produit aussi une certaine quantité de matières résineuses noires. Le produit qui sort des cuves est

dérivés diazoïques de la benzine et du toluène, est introduit dans une chaudière placée sur un bain-marie. On y ajoute de l'aniline et de la pseudo-toluidine, c'est-à-dire un excès du mélange des bases échappé dans la préparation de la fuchsine, et l'on oxyde le tout, en chauffant avec de l'acide arsénique. L'addition de cet excès de bases est essentielle. Cette oxydation doit demeurer incomplète. On arrête l'opération dès qu'une petite quantité prélevée sur la masse se dissout dans l'alcool avec une teinte violet-rouge. On transvase alors le produit dans une grande cuve en bois, placée à la partie supérieure de l'atelier et remplie d'eau, que l'on fait bouillir en y faisant barboter un courant de vapeur. Pour 1 partie de matière sortant de la chaudière et à laquelle son apparence poisseuse a fait donner le nom de « goudron », on emploie au moins 100 parties d'eau. Lorsque la matière colorante est dissoute, on fait passer le tout sur des filtres qui retiennent les matières résineuses et laissent couler la solution dans une cuve placée au-dessous de la première. Dans cette cuve, on complète l'oxydation en faisant bouillir la solution avec du bichromate de potasse, dans la proportion de 1 partie de bichromate pour 5 parties de « goudron ». On prolonge l'ébullition jusqu'à ce que la coloration rouge soit bien développée, puis on ajoute un lait de chaux en proportion suffisante pour neutraliser l'excès d'acide : il se forme un précipité d'arséniate de chaux, d'arsénite de chaux et d'hydrate de chrome, le tout coloré en noir par du noir et du gris d'aniline. On fait passer alors la liqueur

noir et d'apparence poisseuse. Les ouvriers le désignent sous le nom de « goudron ».

L'amidoazobenzol et le diazoamidobenzol sont isomériques, comme on l'a indiqué plus haut. Cette isomérie peut s'exprimer par les formules suivantes :

$$\underbrace{\left.\begin{array}{l} C^6H^5 - Az \\ C^6H^5 - AzH \end{array}\right\rangle Az.}_{\text{Diazoamidobenzol.}} \qquad \underbrace{\left.\begin{array}{l} C^6H^5 - Az \\ C^6H^4\,(AzH^2) \end{array}\right\rangle Az.}_{\text{Amidoazobenzol.}}$$

bouillante sur des filtres doubles en coton croisé, qui sont superposés à des cuves placées en contre-bas de la précédente. Ces cuves reçoivent la solution de safranine qui est d'un rouge vif; le précipité noir reste sur les filtres. Pour achever la préparation, il ne reste plus qu'à précipiter la solution de safranine par le sel marin. On recueille le précipité et on le livre au commerce sous forme de pâte d'un rose un peu brunâtre.

Cette pâte se dissout dans l'eau pure en donnant une solution rouge-rose, qui présente un dichroïsme marqué. La matière colorante contenue dans cette solution se fixe directement sur la soie, par simple immersion de celle-ci.

Safranine sur soie.

Le procédé de préparation de la safranine, employé dans d'autres usines, diffère de celui qui vient d'être décrit, par diverses modifications ou variantes que nous allons indiquer.

On peut transformer le mélange des bases en composés diazoïques par l'action des vapeurs nitreuses. On engendre celles-ci en faisant tomber, au moyen d'un entonnoir à robinet, de la mélasse de glucose dans de l'acide nitrique. Le courant de vapeur nitreuse doit être conduit par un tube au fond du vase qui reçoit le mélange des bases, dont la température doit être maintenue à 20 ou 25 degrés, au moyen d'un courant d'eau froide. Il est nécessaire, lorsqu'on opère ainsi, de faire arriver le gaz avec précaution et de n'en point prolonger l'action trop longtemps. S'il en était autrement, la température pourrait s'élever, et la réaction, devenant trop vive, donnerait naissance à des vapeurs jaunes qui sont probablement du nitrophénol. Il pourrait même survenir une inflammation.

On a aussi employé, pour la production des composés diazoïques, un mélange de nitrite de plomb et d'acide acétique cristallisable. Ce procédé a été abandonné comme trop coûteux.

Mode de formation et composition de la safranine.

La réaction qui donne naissance à la safranine n'est pas encore bien élucidée. D'après MM. Hofmann et Geyger, cette base est une tétramine de la composition $C^{21}H^{20}Az^{4}$. Il est difficile de la faire dériver, par oxydation directe, soit de l'amidoazobenzol, soit de l'amidoazotoluol ou de leurs isomères, tous ces corps ne renfermant que 3 atomes d'azote. Mais il faut se rappeler que, dans l'oxydation de ces composés diazoïques par l'acide arsénique, il est nécessaire de faire intervenir un excès d'aniline ou de pseudo-toluidine. Cette intervention d'un excès de base peut donner la clef de la réaction [1].

[1] On pourrait exprimer celle-ci par les équations suivantes, en admettant comme définitives les formules et les indications de MM. Hofmann et Geyger :

$$(1)\qquad \underbrace{2C^{7}H^{9}Az}_{\text{Pseudo-toluidine.}} + AzHO^{2} = \underbrace{C^{14}H^{15}Az^{3}}_{\text{Amidoazotoluol.}} + 2H^{2}O.$$

$$(2)\qquad \underbrace{C^{14}H^{15}Az^{3}}_{\text{Amidoazotoluol.}} + \underbrace{C^{7}H^{9}Az}_{\text{Pseudo-toluidine.}} + O^{2} = \underbrace{C^{21}H^{20}Az^{4}}_{\text{Safranine.}} + 2H^{2}O.$$

En admettant que la composition de la mauvéine de Perkin soit exprimée par la formule $C^{27}H^{24}Az^{4}$, on pourrait considérer cette tétramine comme le dérivé phénylé de la safranine :

$$\underbrace{C^{21}H^{20}Az^{4}}_{\text{Safranine.}} \qquad \underbrace{C^{21}H^{19}(C^{6}H^{5})Az^{4}.}_{\text{Phénylsafranine (mauvéine).}}$$

En effet, lorsqu'on chauffe la safranine avec de l'aniline, on la convertit en une matière colorante violette. Celle-ci pourrait être de la mauvéine, en supposant que la réaction donnât lieu à un dégagement d'ammoniaque[1].

La safranine forme avec les acides des sels qui se décomposent par une ébullition prolongée. La plupart de ces sels sont solubles dans l'eau et dans l'alcool. Ils sont insolubles dans l'éther, qui les précipite de leur solution alcoolique.

Cette propriété peut être mise à profit pour la purification des sels de safranine.

Le picrate de safranine est insoluble dans l'eau, l'alcool et l'éther : il se dépose sous forme d'un précipité cristallin, lorsqu'on ajoute une solution d'acide picrique à une solution de safranine.

On distingue assez facilement la safranine de la rosaniline par l'action des acides concentrés. Ceux-ci font virer au bleu la nuance de la première base ; avec la seconde, ils développent une teinte feuille morte.

1 $$\underbrace{C^{21}H^{20}Az^{4}}_{\text{Safranine.}} + \underbrace{C^{6}H^{5}.H^{2}Az}_{\text{Aniline.}} = \underbrace{C^{21}H^{19}(C^{6}H^{5})Az^{4}}_{\text{Phénylsafranine.}} + AzH^{3}.$$

CHAPITRE IV

BLEUS DE DIPHÉNYLAMINE

Voici de magnifiques matières colorantes bleues obtenues directement avec la diphénylamine et ses dérivés alcooliques, et qui ont fait leur apparition dans le monde industriel depuis l'Exposition de 1867. La diphénylamine a été découverte en 1864. Mention en a été faite dans le Rapport sur l'Exposition universelle de 1867; mais son emploi dans l'industrie ne date que de quelques années.

Ce sont MM. Ch. Girard et de Laire qui ont attiré l'attention sur cette matière et sur ses analogues, la phényltoluidine, la dicrésylamine. Ces bases sont des monamines secondaires. On connaît et on prépare aujourd'hui quelques-unes des bases tertiaires qui dérivent des précédentes par substitution d'un groupe alcoolique à 1 atome d'hydrogène. Telles sont la méthyldiphénylamine, l'éthyldiphénylamine, l'amyldiphénylamine, la benzyldiphénylamine[1]. Tous ces corps peuvent être

[1] Les formules suivantes expriment la constitution de tous ces corps :

$$\underbrace{\left.\begin{array}{r} C^6H^5 \\ H \\ H \end{array}\right\} Az}_{\text{Aniline (phénylamine.)}} \quad \underbrace{\left.\begin{array}{r} C^6H^5 \\ C^6H^5 \\ H \end{array}\right\} Az}_{\text{Diphénylamine.}} \quad \underbrace{\left.\begin{array}{r} C^6H^4.CH^3 \\ H \\ H \end{array}\right\} Az}_{\text{Toluidine (crésylamine).}} \quad \underbrace{\left.\begin{array}{r} C^6H^4.CH^3 \\ C^6H^4.CH^3 \\ H \end{array}\right\} Az}_{\text{Dicrésylamine.}} \quad \underbrace{\left.\begin{array}{r} C^6H^5 \\ C^6H^4.CH^3 \\ H \end{array}\right\} Az}_{\text{Phényltoluidine (phénylcrésylamine).}}$$

$$\underbrace{\left.\begin{array}{r} C^6H^5 \\ C^6H^5 \\ CH^3 \end{array}\right\} Az}_{\text{Méthyldiphénylamine.}} \quad \underbrace{\left.\begin{array}{r} C^6H^5 \\ C^6H^5 \\ C^2H^5 \end{array}\right\} Az}_{\text{Éthyldiphénylamine.}} \quad \underbrace{\left.\begin{array}{r} C^6H^5 \\ C^6H^5 \\ C^5H^{11} \end{array}\right\} Az}_{\text{Amyldiphénylamine.}} \quad \underbrace{\left.\begin{array}{r} C^6H^5 \\ C^6H^5 \\ C^6H^5.CH^2 \end{array}\right\} Az}_{\text{Benzyldiphénylamine.}}$$

transformés directement en matières colorantes, et il nous paraît utile d'exposer l'enchaînement des faits et des idées qui ont amené cet important résultat.

Les recherches de M. Hofmann avaient dévoilé la constitution de la rosaniline, des composés méthyliques et éthyliques qui en dérivent directement, et aussi celle du bleu de Lyon, qui a été reconnu pour la rosaniline triphénylée.

Cette dernière donne, par distillation sèche, une certaine quantité de diphénylamine. Le fait a été constaté par M. Hofmann, qui a découvert cette base dans une masse huileuse, que M. Ch. Girard avait obtenue en distillant le bleu. Dès lors on pouvait, la constitution du bleu étant connue, espérer obtenir ce bleu en oxydant directement la diphénylamine, comme on obtient le rouge en oxydant directement la phénylamine (aniline). Mais comment se procurer la diphénylamine par un procédé simple et rémunérateur? Ici encore une réaction bien interprétée et relative à la formation du bleu devait conduire par induction au but désiré. Le bleu se formant par l'action de l'aniline sur le chlorhydrate de *rosaniline* avec dégagement d'ammoniaque (Ch. Girard et de Laire, page 64), on pouvait espérer que, par l'action de l'aniline sur le chlorhydrate d'*aniline*, il se formerait de la diphénylamine avec dégagement d'ammoniaque[1]. L'expérience a vérifié cette prévision : la réaction que l'on vient d'indiquer est devenue, entre les mains de MM. Ch. Girard et de Laire, la base d'un procédé aussi économique qu'ingénieux pour la préparation non-seulement de la diphénylamine, mais de la série entière des mona-

[1]
$$\underbrace{\left.\begin{matrix} C^6H^5 \\ H^2 \end{matrix}\right\} Az,HCl}_{\text{Chlorhydrate d'aniline.}} + \underbrace{\left.\begin{matrix} C^6H^5 \\ H^2 \end{matrix}\right\} Az}_{\text{Aniline.}} = \underbrace{\left.\begin{matrix} C^6H^5 \\ C^6H^5 \\ H \end{matrix}\right\} Az,HCl}_{\text{Chlorhydrate de diphénylamine.}} + AzH^3.$$

mines aromatiques secondaires. Pour engendrer ces dernières, on fait réagir, à une température élevée, une monamine primaire telle que l'aniline, la toluidine, la xylidine, etc., sur le sel d'une monamine primaire. Et l'on pouvait espérer transformer ces monamines secondaires en matieres colorantes, en suivant ou en variant les procédés qu'on applique à la transformation des monamines primaires en matières colorantes. On le voit, il y a là un champ vaste et nouveau qui est à peine délimité aujourd'hui et qu'on commence à parcourir. Dans l'exposé qui va suivre, nous traiterons d'abord de la préparation de la diphénylamine et de ses dérivés alcooliques, puis de leur transformation en matières colorantes. Dans cette transformation, on fait intervenir les combinaisons sulfo-conjuguées des diamines dont il s'agit. Nous en dirons quelques mots.

I

PRÉPARATION DE LA DIPHÉNYLAMINE ET DES MONAMINES ANALOGUES

Le procédé indiqué par MM. de Laire, Chapoteaut et Ch. Girard en 1866, pour préparer la diphénylamine, consiste à chauffer sous pression, à 3 ou 4 atmosphères et à une température de 250 degrés, du chlorhydrate d'aniline avec de l'aniline. L'opération s'exécute dans un autoclave en fonte émaillée et dure vingt-quatre heures environ. Dans ces conditions, le rendement est mauvais et atteint à peine 25 p. 0/0 du poids de l'aniline. On l'améliore sensiblement en ouvrant de temps en temps le robinet de manière à chasser l'ammoniaque qui s'est formée et qui s'accumule dans l'autoclave. On empêche ainsi cet excès d'ammoniaque de diminuer le rendement en diphénylamine, en provoquant une réaction inverse. En effet, l'ammoniaque, en réagissant sur la diphénylamine formée, peut reconstituer 2 molécules de phénylamine[1]. Il doit donc s'établir une sorte d'équilibre entre les divers produits de la réaction, de telle sorte que, sous une tension donnée d'ammoniaque, elle atteigne une limite qu'elle ne pourra dépasser. Mais que cette tension diminue, la réaction[2] qui donne naissance à la diphénylamine pourra continuer de manière à atteindre une nouvelle limite, laquelle pourra être franchie de nouveau si on laisse échapper encore une fois de l'ammoniaque. On arrive ainsi à doubler le rendement en diphénylamine, rendement qui peut atteindre 50 p. 0/0 du poids de l'aniline employée.

La réaction terminée, on enlève le produit de l'autoclave, puis on traite la masse par l'acide chlorhydrique concentré. Il se forme ainsi, avec dégagement de chaleur, du chlorhydrate de diphénylamine et d'aniline. On ajoute alors à la masse 6 à 10 fois son volume d'eau, qui décompose le chlorhydrate de diphénylamine, tandis que le chlorhydrate d'aniline reste en dissolution. La diphénylamine mise en liberté vient surnager à la surface et se solidifie par le refroidissement. Après l'avoir lavée, d'abord à l'eau bouillante, puis à l'eau légèrement alcaline, on la soumet à la presse, puis on la distille.

[1] $$\underbrace{\left.\begin{matrix} C^6H^5 \\ C^6H^5 \\ H \end{matrix}\right\}}_{\text{Diphénylamine.}} Az + AzH^3 = \underbrace{\left.\begin{matrix} C^6H^5 \\ H \\ H \end{matrix}\right\}}_{\text{Aniline.}} Az + \underbrace{\left.\begin{matrix} C^6H^5 \\ H \\ H \end{matrix}\right\}}_{\text{Aniline.}} Az.$$

[2] Voir la note de la page 125.

Propriétés de la diphénylamine. — Ainsi préparée, la diphénylamine forme une masse solide, cristalline, d'un blanc jaunâtre. Elle fond entre 50 et 55 degrés. Elle distille vers 310 degrés. Dans cet état, elle est assez pure pour être transformée directement en matières colorantes bleues, ou pour servir à la préparation de dérivés alcooliques.

Pour effectuer sa transformation en matière colorante bleue, on tire parti de la propriété qu'elle possède de former avec l'acide sulfurique des combinaisons sulfo-conjuguées.

Acides sulfo-conjugués de la diphénylamine. — L'acide sulfurique du commerce réagit lentement sur la diphénylamine. La réaction est beaucoup plus rapide lorsqu'on emploie un mélange d'acide sulfurique de Nordhausen et d'acide sulfurique à 66 degrés. Dans ces conditions, il reste une petite quantité de diphénylamine non attaquée, en même temps qu'il se forme un mélange d'un composé monosulfureux et d'un composé disulfureux [1] de la diphénylamine, mélange d'autant plus riche en ce dernier que la proportion d'acide de Nordhausen a été plus considérable. On réussit néanmoins à attaquer la diphénylamine avec l'acide sulfurique à 66 degrés, et à produire le mélange d'acides sulfo-conjugués dont il vient d'être question. Pour cela, on chauffe pendant douze heures environ, vers 130 degrés ou 140 degrés, un mélange de 3 parties de diphénylamine et de 2 parties d'acide sulfurique à 66 degrés du commerce. On reprend par l'eau bouillante le

[1] La composition de ces produits est probablement exprimée par les formules suivantes :

$$\underbrace{\left.\begin{array}{r} C^6H^5 \\ C^6H^5 \\ H \end{array}\right\} Az}_{\text{Diphényl-amine.}} \qquad \underbrace{\left.\begin{array}{r} C^6H^4.SO^3H \\ C^6H^5 \\ H \end{array}\right\} Az}_{\text{Acide diphénylamine-monosulfureux.}} \qquad \underbrace{\left.\begin{array}{r} C^6H^4.SO^3H \\ C^6H^4.SO^3H \\ H \end{array}\right\} Az.}_{\text{Acide diphénylamine-disulfureux}}$$

produit de la réaction et on le sature par le carbonate de baryte. Les deux acides sulfo-conjugués se convertissent en sels de baryte.

Pour les séparer, on met à profit la différence de solubilité de leurs sels de baryte, celui de l'acide monosulfureux étant beaucoup moins soluble dans l'eau que celui de l'acide disulfureux. On constate une différence du même ordre entre les solubilités des sels de plomb. Tous ces sels sont assez stables et peuvent être chauffés vers 200 degrés sans décomposition.

Pour isoler l'acide monosulfurique de la diphénylamine, on décompose exactement son sel de baryte par l'acide sulfurique, et l'on évapore la liqueur après filtration. Il reste sous la forme d'une matière blanche cristalline qui bleuit à l'air, surtout lorsqu'on chauffe. On obtient des cristaux incolores en faisant évaporer la solution aqueuse dans le vide, ou bien en faisant cristalliser l'acide dans l'alcool. Chauffé à 275 degrés avec de l'acide chlorhydrique faible, l'acide monosulfo-conjugué de la diphénylamine régénère la diphénylamine et l'acide sulfurique[1].

L'acide disulfo-conjugué, moins stable que le précédent, est difficile à obtenir à l'état incolore.

Ces combinaisons sulfo-conjuguées, ainsi que celles fournies par les dérivés alcooliques de la diphénylamine, soumises à l'action d'agents oxydants, peuvent donner directement, en teinture et en impression, des matières colorantes noires et violettes.

[1]
$$\underbrace{\left.\begin{matrix} C^6H^4.SO^3H \\ C^6H^5 \\ H \end{matrix}\right\} Az}_{\text{Acide monosulfureux de la diphénylamine.}} + H^2O = \underbrace{\left\{\begin{matrix} C^6H^5 \\ C^6H^5 \\ H \end{matrix}\right\} Az}_{\text{Diphénylamine.}} + \underbrace{SO^4H^2}_{\text{Acide sulfurique.}}$$

II

PRÉPARATION DES DÉRIVÉS ALCOOLIQUES DE LA DIPHÉNYLAMINE. MÉTHYLDIPHÉNYLAMINE ; ÉTHYLDIPHÉNYLAMINE ; AMYLDIPHÉNYLAMINE ; BENZYLDIPHÉNYLAMINE

Le procédé de préparation de ces bases, ainsi que la formation des matières colorantes qui en dérivent, a été signalé dès 1869 par MM. de Laire et Ch. Girard[1]. Presque à la même époque, M. Bardy prenait un brevet pour la préparation de la méthyldiphénylamine et sa transformation par les agents oxydants en matières colorantes violettes et bleues.

Divers procédés peuvent être mis en usage pour la préparation de la méthyldiphénylamine. Les réactions suivantes leur servent de base :

1° Action de l'iodure de méthyle ou du nitrate de méthyle sur la diphénylamine à une température inférieure à 100 degrés ;

2° Action de la méthylaniline sur le chlorhydrate d'aniline (Girard et de Laire) ;

3° Action de l'alcool méthylique sur le chlorhydrate de diphénylamine anhydre (Berthelot, Bardy) ;

4° Action des chlorures à radicaux alcooliques à l'état naissant sur la diphénylamine, c'est-à-dire traitement de la diphénylamine par un mélange d'acide chlorhydrique et d'esprit de bois (Ch. Girard).

[1] 30 juin 1869. Addition au brevet concernant la diphénylamine. — 18 décembre 1869. Patente anglaise sous le n° 3675.

C'est surtout la dernière de ces réactions qui est utilisée pour la préparation de la méthyldiphénylamine. L'acide chlorhydrique se combine à la température ordinaire avec la diphénylamine. Mais ce chlorhydrate se dissociant facilement à une température élevée, l'acide libre peut agir sur l'esprit de bois de manière à former du chlorure de méthyle et de l'eau. Par leur réaction réciproque, le chlorure de méthyle et la diphénylamine forment de l'acide chlorhydrique et de la méthyldiphénylamine, ou, à froid, du chlorhydrate de méthyldiphénylamine[1]. Cette réaction offre l'avantage de pouvoir opérer à une température et à une pression inférieures à celles qu'exige la réaction 3, c'est-à-dire l'action de l'alcool méthylique sur le chlorhydrate de diphénylamine sec. En outre, elle permet de limiter exactement le degré de méthylation.

Préparation de la méthyldiphénylamine[2].

Dans un autoclave en fonte émaillée capable de supporter une pression de 40 à 50 atmosphères, et d'une capacité de 300 litres environ, on introduit :

Diphénylamine.	100 kilogr.
Acide chlorhydrique du commerce (densité, 1,2).	68
Alcool méthylique.	24

On chauffe au bain d'huile entre 200 et 250 degrés pendant huit à dix heures. La pression développée ne dépasse pas 10 atmosphères. La réaction terminée, on laisse refroidir, on

[1]
$$\underbrace{\left.\begin{matrix} C^6H^5 \\ C^6H^5 \\ H \end{matrix}\right\} Az}_{\text{Diphénylamine.}} + \underbrace{CH^3Cl}_{\text{Chlorure de méthyle.}} = \underbrace{\left\{\begin{matrix} C^6H^5 \\ C^6H^5 \\ C\,H^3 \end{matrix}\right\} Az.HCl.}_{\text{Chlorhydrate de méthyldiphénylamine.}}$$

[2] Voir la note de la page 124.

verse le contenu de l'autoclave dans un vase en grès ou en fonte émaillée, et l'on y ajoute une solution chaude de soude caustique : on décante la méthyldiphénylamine brute qui se sépare, et on la distille. Le produit ainsi préparé n'est point pur : il renferme de la diphénylamine non transformée, et passe à la distillation entre 290 et 300 degrés. Pour le purifier, on le traite par son poids d'acide chlorhydrique concentré, et au besoin on chauffe légèrement. Par le refroidissement, il se dépose du chlorhydrate de diphénylamine à l'état cristallisé. On le sépare par filtration, et l'on ajoute au liquide filtré 15 fois son volume d'eau. Le chlorhydrate de méthyldiphénylamine est décomposé : la base insoluble est mise en liberté et peut être séparée par décantation. On la lave avec de l'eau légèrement alcaline, et on la purifie par distillation. On obtient ainsi un liquide presque incolore qui bout entre 282 et 286 degrés. Ses sels sont décomposables par l'eau. Elle est peu soluble dans l'alcool ; l'éther et la benzine la dissolvent en plus grande quantité. Sous l'influence des agents d'oxydation, elle se colore en violet bleu. Chauffée entre 110 et 120 degrés avec de l'acide oxalique, elle se transforme en matière colorante bleue.

Éthyldiphénylamine. [1]

Cette base se prépare par un procédé analogue à celui qui sert à la préparation de la méthyldiphénylamine, avec cette différence qu'on remplace l'alcool méthylique par l'alcool ordinaire. Elle constitue un liquide oléagineux qui bout entre 295 et 300 degrés. Elle se dissout facilement dans l'éther et dans la benzine. L'acide nitrique donne avec l'éthyldiphényla-

[1] Voir la note de la page 124.

mine une coloration violet-rouge qui persiste, même en présence d'une grande quantité d'eau.

Ses sels sont facilement décomposés par l'eau. Avec les agents déshydrogénants, l'éthyldiphénylamine donne des matières colorantes bleues. Chauffée avec l'acide oxalique, elle donne une riche matière colorante dont la nuance est plus bleue que celle que l'on obtient avec la méthyldiphénylamine.

Amyldiphénylamine[1].

Elle se prépare comme les bases que nous venons de décrire, seulement cette préparation exige l'intervention d'une température un peu plus élevée. C'est un liquide oléagineux qui bout entre 335 et 345 degrés. Son caractère basique est presque effacé. Encore moins soluble dans l'alcool que ses homologues inférieurs, elle se dissout comme eux dans la benzine et dans l'éther. Traitée par l'acide nitrique, elle donne une coloration d'un bleu-ardoise qui rappelle beaucoup celle de la diphénylamine. Chauffée avec l'acide oxalique, elle donne une matière colorante d'un bleu verdâtre.

Benzyldiphénylamine.

La benzyldiphénylamine s'obtient facilement en faisant réagir le chlorure de benzyle sur la diphénylamine[2]. Elle est solide et se dissout dans l'alcool, l'éther et la benzine, qui la lais-

[1] Voir la note de la page 124.

[2]
$$\underbrace{C^7H^7Cl}_{\text{Chlorure de benzyle.}} + \underbrace{\left.\begin{matrix} C^6H^5 \\ C^6H^5 \\ H \end{matrix}\right\} Az}_{\text{Diphénylamine.}} = \underbrace{\left.\begin{matrix} C^6H^5 \\ C^6H^5 \\ C^7H^7 \end{matrix}\right\} Az}_{\text{Benzyldiphénylamine.}} + HCl.$$

sent déposer en magnifiques cristaux. Avec la plupart des agents d'oxydation, elle donne des matières colorantes d'un très-beau bleu-vert.

Lorsqu'on applique aux bases que l'on vient de décrire le procédé d'oxydation qui fournit le violet de Paris, c'est-à-dire lorsque, après les avoir mêlées avec du sable, du nitrate de cuivre ou du sulfate de cuivre et du sel marin, on maintient le mélange dans une étuve pendant dix à douze heures à une température de 80 à 100 degrés, on les convertit en matières colorantes insolubles dans l'eau et qu'on ne parvient à dissoudre et à purifier qu'à l'aide de l'alcool. Aussi le prix élevé de ce mode de purification a-t-il fait renoncer au procédé d'oxydation dont il s'agit.

III

FABRICATION DES BLEUS DE DIPHÉNYLAMINE

Il y a quelques années, la diphénylamine était employée exclusivement à la préparation d'un beau bleu, insoluble dans l'eau, soluble dans l'alcool. Ce bleu n'était propre qu'à la teinture de la soie, et encore sa consommation était-elle restreinte, tant à cause de son prix élevé qu'en raison de la teinte uniforme et un peu verdâtre que l'on obtenait en teinture. Aujourd'hui, la fabrication des bleus de diphénylamine a pris une notable extension depuis que l'on a réussi à produire des bleus solubles par l'emploi des acides sulfo-conjugués, et à varier leur teinte en substituant à la diphénylamine ses divers dérivés alcooliques. (Voir page 124.)

Nous allons indiquer sommairement les procédés employés pour la fabrication de ces divers bleus, en faisant remarquer qu'ils s'appliquent indifféremment à la diphénylamine ou à ses dérivés alcooliques.

Bleus de diphénylamine insolubles dans l'eau, solubles dans l'alcool.

On les obtient par des procédés déjà anciens et que nous nous bornerons à énumérer :

1° Action du sesquichlorure de carbone sur un mélange de diphénylamine et de dicrésylamine solide (page 124), ou sur un mélange de diphénylamine et de phénylcrésylamine solide ;

2° Action du nitrate de cuivre ou d'un mélange de sulfate de cuivre et de chlorure de sodium sur la diphénylamine, la phénylcrésylamine ou les bases analogues ;

3° Action de l'acide oxalique sur la diphénylamine et ses dérivés alcooliques. On a soin de ne pas dépasser 125 degrés et de maintenir un excès d'acide oxalique.

Les bleus préparés par ces divers procédés peuvent être transformés en acides sulfo-conjugués solubles dans l'eau.

Pour cela, il suffit de les traiter par l'acide sulfurique concentré, à des températures variant entre 40 et 120 degrés, suivant les combinaisons que l'on veut obtenir.

Bleus de diphénylamine solubles dans l'eau.

On chauffe dans une cornue en fonte émaillée à une température ne dépassant pas 150 degrés :

Acides sulfo-conjugués de la diphénylamine . . .	1 partie
Acide oxalique ordinaire.	2

Au bout de dix-huit à vingt heures, on laisse refroidir; on reprend la masse par l'eau bouillante et on neutralise par l'ammoniaque. Après le refroidissement on filtre, afin de séparer les matières insolubles, s'il y en a, et, en particulier, une matière cristalline blanche et une petite quantité de diphénylamine qui a pu se régénérer.

A la solution filtrée on ajoute de l'acide sulfurique pour séparer la matière colorante bleue, laquelle est insoluble dans

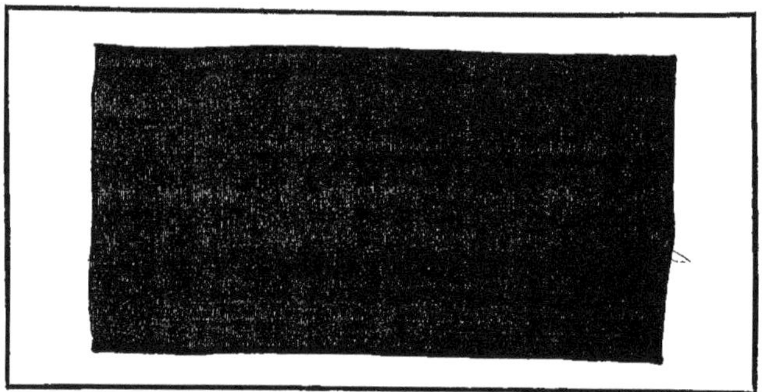

Bleu de diphénylamine sur soie.

les liqueurs acides, des acides sulfo-conjugués employés en excès, et qui sont au contraire très-solubles.

On recueille le précipité bleu; on le lave à l'eau acidulée et on le dissout en le saturant exactement par l'ammoniaque, la soude ou la chaux, suivant le sel que l'on désire obtenir. On évapore à siccité la solution bleue et l'on pulvérise le résidu.

L'excès d'acides sulfo-conjugués non attaqués par l'acide oxalique rentre dans le travail. Pour cela, on sature la solution qui les renferme par le carbonate de baryte, on filtre et on sépare la baryte par l'acide sulfurique, de manière à régénérer les acides sulfo-conjugués.

Pour la teinture de la soie on emploie ordinairement le sel

ammoniacal; pour la teinture de la laine, le sel sodique, et pour celle du coton, le sel de chaux.

On peut apporter une simplification aux procédés qui viennent d'être décrits pour l'obtention des bleus solubles. Au lieu de préparer les bleus insolubles à l'état de pureté, ou encore au lieu d'isoler préalablement les acides sulfo-conjugués de la diphénylamine, comme il a été dit plus haut, pour les traiter par l'acide oxalique, on peut ajouter directement de l'acide sulfurique au produit brut de la réaction de l'acide oxalique sur la diphénylamine.

CHAPITRE V

PHÉNOLS

L'industrie des phénols s'est perfectionnée et étendue depuis la dernière Exposition. L'emploi du phénol comme antiseptique s'est généralisé; la fabrication de l'acide rosolique, pour laquelle il sert de matière première, a pris une plus grande importance; l'acide picrique, qui en dérive et qui est toujours préparé, en grandes quantités, pour les besoins de la teinture, entre aussi, à l'état de picrate de potassium, dans la composition de certaines poudres explosives. Enfin de nouveaux phénols ont fait leur apparition. Celui qui correspond au toluène, c'est-à-dire le crésol, sert à la préparation d'une belle matière colorante, le jaune ou orange d'aniline. C'est un dinitrocrésylate alcalin[1] : il communique aux tissus une teinte jaune intense, se rapprochant du bouton d'or. Le phénol qui correspond à la naphtaline, c'est-à-dire le naphtol, est employé pour la préparation du dinitronaphtol ou jaune de Manchester (page 159).

Tous les phénols peuvent être obtenus aujourd'hui par synthèse, à l'aide d'un procédé qui a été découvert par MM. Wurtz,

[1] $\underbrace{C^6H^5.CH^3.}_{\text{Toluène.}}$ $\underbrace{C^6H^4 \left\{ \begin{array}{l} CH^3. \\ OH. \end{array} \right.}_{\text{Crésols.}}$ $\underbrace{C^6H^2(AzO^2)^2 \left\{ \begin{array}{l} CH^3. \\ OH. \end{array} \right.}_{\text{Acide dinitrocrésylique.}}$

Kekulé et Dusart, et qui consiste à transformer les carbures d'hydrogène aromatiques, tels que la benzine, le toluène, le xylène, la naphtaline, etc., en acides sulfo-conjugués, et à fondre ces acides avec un excès d'alcali : il se forme du sulfite alcalin et le phénate correspondant. Ainsi, pour obtenir le phénol, on traite la benzine par l'acide sulfurique : il se forme de l'acide phényl-sulfureux qu'on sépare de l'acide sulfurique en excès, en neutralisant le tout par le carbonate de baryte. On convertit ensuite le phénylsulfite de baryum en phénylsulfite de potassium par double décomposition, au moyen du carbonate de potassium, et, après avoir desséché le phénylsulfite de potassium, on le fond dans une capsule en argent, avec trois fois son poids de potasse, ou mieux d'un mélange de potasse et de soude. On reprend la masse par l'eau et on décompose la solution par l'acide chlorhydrique : de l'acide sulfureux est mis en liberté et le phénol se sépare. On le purifie par distillation. Ce procédé a permis à M. Dusart de convertir la naphtaline en naphtol. Récemment, il a été appliqué à la transformation de l'anthraquinone en acides sulfo-conjugués et en alizarine. Il permet d'obtenir les phénols à l'état de pureté, si l'on a soin d'employer des hydrocarbures purs.

Le phénol du commerce, dont on a décrit la préparation (page 35), n'est pas entièrement pur; il renferme des quantités variables de crésol. Pour séparer ce dernier, MM. Ch. Girard et de Laire emploient un appareil fondé sur un principe analogue à celui qui sert à la séparation des carbures d'hydrogène (page 30).

C'est une grande cornue communiquant avec un serpentin placé dans un bain d'huile que l'on porte à une température un peu inférieure au point d'ébullition du phénol. Dans ce serpentin cohobateur, les vapeurs de crésol se condensent et retombent dans la cornue, tandis que les vapeurs de phénol passent et se condensent dans un serpentin refroidi. Deux distillations successives dans cet appareil suffisent pour obtenir du phénol pur.

Le procédé synthétique qui sert à la préparation des phénols purs a été appliqué récemment à la préparation d'un diphénol qui n'est autre que l'orcine, la base de l'orcéine qui existe dans l'orseille. MM. Henninger et Vogt ont préparé l'orcine en partant du toluène; seulement, au lieu de convertir celui-ci en un acide disulfo-conjugué, ce qui serait difficile, ils ont eu l'heureuse idée de préparer l'acide monosulfo-conjugué du toluène chloré et de fondre cet acide avec un excès d'alcali; il se forme un sulfite et un chlorure alcalin, en même temps que de l'orcine[1]. Le rendement en orcine que donne cette réaction n'est pas encore assez satisfaisant pour que cette dernière puisse devenir l'objet d'une industrie fructueuse. On peut espérer que l'on découvrira les conditions nécessaires pour la rendre possible.

Enfin un autre diphénol, la résorcine, qui ne diffère du phénol que par un atome d'oxygène en plus, pourra être préparé par le procédé général que nous avons mentionné plus haut. Et la théorie indique plusieurs modes de préparation de ce corps.

Premièrement, on pourra l'obtenir en traitant le phénol par l'acide sulfurique et en décomposant par un alcali, le phénolsulfite de potassium.

[1]

$$\underbrace{C^6H^5.CH^3.}_{\text{Toluène.}} \qquad \underbrace{C^6H^3\left\{\begin{matrix} CH^3 \\ (SO^3H)^2. \end{matrix}\right.}_{\text{Acide crésyl-disulfureux.}} \qquad \underbrace{C^6H^3\left\{\begin{matrix} CH^3. \\ Cl. \\ SO^3H. \end{matrix}\right.}_{\text{Acide chloro-crésylsulfureux.}}$$

$$\underbrace{C^6H^3\left\{\begin{matrix} CH^3 \\ Cl \\ SO^3K \end{matrix}\right.}_{\text{Chlorocrésylsulfite de potassium.}} + 2KHO = \underbrace{C^6H^3\left\{\begin{matrix} CH^3 \\ OH \\ OH \end{matrix}\right\}}_{\text{Orcine.}} + \underbrace{SO^3K^2}_{\text{Sulfite de potassium.}} + \underbrace{KCl.}_{\text{Chlorure de potassium.}}$$

Un second procédé consisterait à préparer l'acide phénylène-disulfureux en partant de la benzine, et à décomposer le phénylène-disulfite de potassium par un alcali.

Un troisième procédé consistera à préparer l'acide chloro-phényl-sulfureux et à le décomposer par un excès d'alcali.

Enfin un quatrième procédé consisterait à transformer les amines aromatiques en composés diazoïques, et à décomposer ces derniers par les acides : il se formerait des phénols. C'est le procédé qui a servi à M. Griess pour préparer le naphtol.

Les réactions précédemment indiquées peuvent donner naissance à la résorcine ou à ses isomères, l'oxyphénol et l'hydroquinone.

Nous ne pouvons pas quitter ce sujet sans mentionner une découverte qui est due à un éminent chimiste allemand, M. A. Baeyer, et qui a trait à la résorcine dont nous venons de parler. L'acide ou l'anhydride phtalique chauffé avec certains phénols, tels que la résorcine, le pyrogallol (acide pyrogallique), donne lieu à des produits colorés qui se forment avec élimination d'eau, et qui renferment à la fois les éléments de l'acide phtalique et ceux des phénols ou oxyphénols. D'autres acides polybasiques peuvent former des combinaisons analogues avec les phénols. Ces derniers forment donc la base de ces composés qui s'éloignent, par leur constitution, des éthers proprement dits. Les uns sont indifférents, d'autres se dissolvent dans les alcalis avec des couleurs très-intenses qui disparaissent sous l'influence d'agents réducteurs. Parmi ces derniers composés, quelques-uns donnent de nouvelles matières colorantes, lorsqu'on les chauffe avec l'acide sulfurique, matières colorantes qui se distinguent des premières par cette circonstance qu'elles sont bien réduites, mais non décolorées, par les agents de désoxydation. M. Baeyer estime que certaines matières colorantes naturelles, surtout celles que l'on extrait des bois, présentent une constitution analogue à celle de ces nouveaux produits et pourront être reproduites artificiellement.

Un mot sur la valeur industrielle de cette découverte.

En chauffant la résorcine avec de l'anhydride phtalique, M. Baeyer a obtenu un corps remarquable par une magnifique fluorescence, et qu'il a nommé *fluorescéine*. Chose curieuse,

Éosine sur soie.

le dérivé tétrabromé de ce corps présente une magnifique fluorescence d'un rose vif, et communique à la soie une nuance couleur de feu. C'est la teinte éclatante de l'aurore. De là le nom d'*éosine*, sous lequel ce corps est connu dans l'industrie, où il a reçu un emploi utile. Mais ici nous anticipons sur les temps. Revenons aux phénols, et, après une courte mention de l'acide picrique, décrivons l'acide rosolique et ses dérivés.

I

ACIDE PICRIQUE

Les précédents rapports contiennent des indications suffisantes sur l'introduction de cet acide dans l'industrie, et sur son mode de préparation aujourd'hui très-simplifié par l'emploi du phénol pur. On peut attaquer directement ce corps par l'acide nitrique, ou encore faire agir cet acide sur un mélange de phénol et d'acide sulfurique, mélange qui renferme de l'acide phénolsulfureux ; enfin on peut attaquer par l'acide nitrique le phénylsulfite de soude cristallisé. Ces procédés de fabrication sont connus, et nous n'avons pas à les décrire ici. Ajoutons qu'ils donnent de si bons rendements et que les prix de revient ont été tellement réduits, qu'on ne trouve plus aucun avantage à préparer l'acide picrique en traitant, soit l'huile de houille brute, soit la résine de *Xanthorrhea hastilis*, par l'acide nitrique.

Parmi les dérivés de l'acide picrique, nous devons mentionner l'acide *isopurpurique*, matière colorante rouge qui résulte de l'action du cyanure de potassium sur l'acide picrique, et dont le sel ammoniacal présente la composition de la murexide[1]. Ce sel donne des nuances grenat assez riches. Il a été préparé en Angleterre par MM. Roberts Dale et Cie, et en France par M. Casthelaz.

[1] L'acide isopurpurique renferme, d'après M. Baeyer, $C^8H^5Az^5O^6$.

II

ACIDE ROSOLIQUE ET DÉRIVÉS

L'acide rosolique a été découvert, en 1834, par Runge, qui a extrait cette matière des résidus de la préparation de l'acide phénique. Cette découverte passa inaperçue jusqu'en 1861, où MM. Kolbe et Schmidt publièrent un procédé de préparation de ce corps qui consiste à traiter le phénol par un mélange d'acide sulfurique et d'acide oxalique. Mais, à cette époque, le procédé dont il s'agit avait déjà passé dans l'industrie. M. Jules Persoz l'avait découvert en 1859. Le même chimiste avait reconnu qu'en chauffant l'acide rosolique en vase clos avec de l'ammoniaque on le convertit en une belle matière colorante rouge qui a été désignée sous le nom de *péonine*, pour marquer l'analogie de cette matière colorante avec le rouge de pivoine (*Pæonia*). Plus tard, ce nom a été changé en celui de *coralline*, qui rappelle la nuance rouge corail que présentent certaines teintures faites avec ce produit. M. Jules Persoz a cédé l'exploitation de ses découvertes à la maison Guinon, Marnas et Bonnet, de Lyon. Peu de temps après (brevet du 21 juillet 1862), cette maison a introduit dans le commerce une matière colorante bleue d'une teinte très-pure, à laquelle on a donné le nom d'*azuline*. Les nuances qu'elle donne se rapprochent en effet du bleu d'azur. L'azuline, dont la préparation est abandonnée aujourd'hui, est donc un dérivé de l'acide rosolique, ainsi que la péonine ou coralline rouge. M. J. Persoz envisageait avec raison ce dernier corps comme l'amide de l'acide rosolique ; l'azuline en est l'anilide, d'après M. Charles Girard. En effet, lorsqu'on décompose l'azuline pure par la potasse caustique, on la dédouble en aniline et en acide rosolique.

La nature et le mode de formation de ce dernier corps ont été éclaircis récemment par divers travaux. MM. Dale et Schorlemmer, d'une part, M. Fresenius, de l'autre, ont démontré, en effet, que l'acide rosolique, qui est connu aujourd'hui dans le commerce sous le nom de *coralline jaune*, n'est pas un produit pur, mais un mélange de deux corps. Pour isoler la matière colorante jaune-orange que renferme ce produit et qui a reçu le nom d'*aurine*, MM. Dale et Schorlemmer traitent le produit commercial par l'alcool bouillant, puis par une solution concentrée d'ammoniaque dans l'alcool. Ils obtiennent ainsi une combinaison cristalline d'aurine et d'ammoniaque qui est presque insoluble dans l'alcool, tandis que la plus grande partie des autres produits reste en dissolution. Le précipité, lavé à l'alcool, étant séché dans un courant d'air, l'ammoniaque est entraînée et l'aurine reste à l'état de pureté. Ce corps peut cristalliser au sein de l'alcool. Il cristallise aussi dans l'acide acétique et dans l'acide chlorhydrique, mais les cristaux retiennent avec opiniâtreté une petite quantité d'acide. Pure et séchée à 200 degrés, l'aurine donne à l'analyse des nombres répondant à la formule $C^{20}H^{14}O^{3}$. Lorsqu'on traite sa solution acétique par le zinc, l'aurine fixe de l'hydrogène et se convertit en *leucaurine* $C^{20}H^{16}O^{3}$. Ce corps cristallise facilement dans l'alcool et dans l'acide acétique concentré. Sous l'influence des agents d'oxydation, il se transforme de nouveau en aurine.

L'aurine (coralline jaune) prend naissance lorsqu'on chauffe le phénol avec un mélange d'acide oxalique et d'acide sulfurique. Ce mode de formation a été étudié et élucidé par M. Fresenius, auquel on doit l'expérience suivante. Ayant chauffé de 140 et à 150 degrés un mélange d'acide sulfurique et de phénol dans lequel il a fait couler peu à peu de l'acide formique, il a vu se former de l'acide rosolique. Il suppose que c'est par fixation d'oxyde de carbone et par déshydratation que le phénol se convertit en acide rosolique[1].

En terminant cet exposé historique, nous devons signaler un produit auquel on a donné le nom d'acide *pseudo-rosolique*. MM. Caro et Wanklyn avaient obtenu ce corps en traitant une solution de rosaniline par l'acide azoteux, et en décomposant le produit ainsi formé par l'ébullition avec de l'eau : ils avaient confondu le corps qui se produit dans cette réaction avec l'acide rosolique. M. Fresenius a démontré qu'il en diffère par sa composition et par son point de fusion (158 degrés). Il lui attribue la formule $C^{24}H^{18}O^{10}$. Ce corps est probablement identique avec un produit que M. Liebermann a obtenu en faisant réagir l'eau à une haute température sur la rosaniline. Tous ces travaux ont éclairci la nature et le mode de formation de l'acide rosolique et de ses dérivés, et n'ont pas été sans influence sur les procédés qui sont employés aujourd'hui pour la préparation industrielle de ces matières, procédés que nous allons indiquer sommairement.

Préparation de la coralline jaune ou acide rosolique.

On mélange dans une terrine en grès, à froid :

Acide phénique cristallisé (fusible à 35 degrés) . .	8 kilogr.
Acide sulfurique à 66 degrés.	3^kil^,200

[1] On peut interpréter la formation de l'acide rosolique pur (aurine) par l'équation suivante :

$$\underbrace{3C^6H^6O}_{\text{Phénol.}} + \underbrace{2CO}_{\text{Oxyde de carbone.}} = \underbrace{C^{20}H^{14}O^3}_{\text{Aurine.}} + 2H^2O.$$

Le mode de formation de l'aurine rappelle ceux des phtaléines de M. Baeyer, par l'action de l'anhydride phtalique sur les phénols.

Après six à huit heures, on ajoute :

Acide oxalique. . . . . 4^{kil},800

On chauffe le mélange aussi rapidement que possible au bain d'huile, à 110 degrés, et l'on maintient cette température jusqu'à la fin de l'opération, qui dure vingt-quatre heures. Au bout de ce temps, le produit étant transformé en un sirop épais, on l'enlève de la chaudière où s'est faite cette transformation, et on le verse dans des chaudières de fonte émaillée, remplies d'eau. On fait bouillir en agitant continuellement la

Coralline jaune sur soie.

masse, de manière à la diviser et à la laver. Par le repos, la coralline se dépose. Au bout de quelques heures, on décante l'eau, et l'on répète cette opération de lavage jusqu'à ce que la liqueur prenne une coloration rouge, ce qui n'arrive qu'à la troisième ou à la quatrième fois. On recueille alors le dépôt de coralline et on le sèche. M. Th. Würtz, auquel on doit ce mode opératoire, a remarqué que la température de 110 degrés, qui est la température minima que l'on puisse employer, est celle qui donne le plus beau produit, mais le plus faible rendement. On obtient un rendement supérieur en poussant jusqu'à 120 et même à 150 degrés, ce qu'on peut faire lorsqu'on veut obtenir un produit destiné à certains usages.

Préparation de la coralline rouge.

On introduit dans un autoclave :

Coralline.	2 parties.
Alcali volatil à 0,910..	1 »

On chauffe au bain d'huile de 125 à 140 degrés. Au bout d'une heure, on prélève un premier échantillon, dont on examine la nuance, et l'on continue l'opération et les essais successifs jusqu'à ce que l'on ait atteint le degré de transformation voulu. On retire alors l'autoclave du bain, et l'on verse le contenu dans de l'eau additionnée d'acide sulfurique. On agite, puis on laisse reposer. On recueille le produit qui s'est précipité, et on le sèche sans lui faire subir d'autres lavages.

Coralline rouge.

III

JAUNE D'OR. JAUNE VICTORIA

L'industrie livre, sous cette dénomination, des matières colorantes jaunes, qui sont des dérivés nitrés du crésol,

$$C^6H^4 \left\{ \begin{matrix} CH^3 \\ OH. \end{matrix} \right.$$

Ce sont des dinitro-crésols isomériques, dont la composition répond à la formule

$$C^6H^2 (AzO^2)^2 \left\{ \begin{matrix} CH^3 \\ OH. \end{matrix} \right.$$

Ces corps sont donc analogues à l'acide picrique. On peut les préparer par un procédé analogue à celui qui fournit ce dernier corps, c'est-à-dire en faisant réagir l'acide nitrique sur le crésol α et β. On conduit l'opération en employant les mêmes précautions que celles qui sont usitées pour l'acide picrique.

On peut préparer aussi les dinitro-crésols par l'action de l'acide nitreux sur les toluidines α et β. Il se forme des composés azoïques que l'acide nitrique convertit en dinitro-crésols. Ces réactions sont analogues à celles qui sont indiquées page 150.

CHAPITRE VI

MATIÈRES COLORANTES DÉRIVÉES DE LA NAPHTALINE

On a fait de nombreuses tentatives pour obtenir des matières colorantes avec des dérivés de la naphtaline. Ces tentatives n'ont eu qu'un succès médiocre. Elles ont principalement porté sur la naphtylamine, qui est à la naphtaline ce que l'aniline ou phénylamine est à la benzine. Mais, parmi les matières colorantes que l'on a ainsi engendrées et que nous indiquerons plus loin, deux seulement ont pris une certaine importance. L'une d'elles est une matière colorante jaune que MM. Griess et Martius ont obtenue en faisant réagir une solution étendue de nitrite de sodium sur une solution de chlorhydrate de naphtylamine : il se forme du chlorure de diazonaphtol qu'on transforme par l'action de l'acide nitrique en dinitronaphtol [1]. Ce dernier corps constitue une belle matière colorante jaune, connue sous le nom de *jaune de Manchester*. On l'obtient

[1]
$$\underbrace{C^{10}H^{9}Az.HCl}_{\text{Chlorhydrate de naphtylamine.}} + \underbrace{AzO^{2}H}_{\text{Acide nitreux.}} = \underbrace{C^{10}H^{7}Az^{2}Cl}_{\text{Diazonaphtol (Chlorure de).}} + 2H^{2}O.$$

$$\underbrace{C^{10}H^{7}Az^{2}Cl}_{\text{Diazonaphtol. (Chlorure de)}} + \underbrace{2AzO^{3}H}_{\text{Acide nitrique.}} = \underbrace{C^{10}H^{6}(AzO^{2})^{2}O}_{\text{Dinitronaphtol.}} + H^{2}O + Az^{2} + HCl.$$

aujourd'hui directement avec le naphtol, auquel nous la rattacherons.

L'autre matière colorante est d'un beau rouge. Elle est connue sous le nom de *rosanaphtylamine*. Nous la décrirons en traitant des dérivés colorés de la naphtylamine.

I

NAPHTYLAMINE

On obtient cette base, qui a été découverte par Zinin, à l'aide d'un procédé analogue à celui qui sert à transformer la benzine en aniline. On convertit d'abord la naphtaline en un dérivé nitrogéné, la nitronaphtaline, puis on réduit celle-ci par le fer et l'acide acétique (Béchamp et Drion) ou par l'étain et l'acide chlorhydrique (Roussin). Nous décrirons ici le premier de ces procédés [1].

Préparation de la naphtylamine.

L'opération se décompose en deux phases : 1° préparation de la nitronaphtaline ; 2° réduction de la nitronaphtaline en naphtylamine.

[1] Les réactions qui donnent naissance à la naphtylamine sont les suivantes :

$$\underbrace{C^{10}H^8}_{\text{Naphtaline.}} + \underbrace{AzO^3H}_{\text{Acide nitrique.}} = \underbrace{C^{10}H^7(AzO^2)}_{\text{Nitronaphtaline.}} + H^2O.$$

$$\underbrace{C^{10}H^7(AzO^2)}_{\text{Nitronaphtaline.}} + H^6 = \underbrace{C^{10}H^7(AzH^2)}_{\text{Naphtylamine.}} + 2H^2O.$$

1° On introduit dans une grande marmite en fonte émaillée, munie d'un agitateur, 1 partie de naphtaline et un mélange de 1 partie d'acide sulfurique avec 5 à 6 parties d'acide nitrique. On laisse les matières en contact pendant deux à trois jours, à la température ordinaire, en agitant, surtout au commencement de l'opération, pour empêcher la naphtaline de s'agglomérer. La nitronaphtaline formée se trouve à l'état insoluble. On la sépare par décantation de l'excès d'acide, et on la lave d'abord à l'eau alcaline, puis à l'eau chaude, puis à l'eau froide. L'emploi, pour le premier lavage, d'une solution faible de soude caustique ou d'eau de chaux a pour but d'éviter l'attaque des vases en fonte par les acides faibles. Après lavage, on comprime fortement à la presse. Ainsi obtenue, la nitronaphtaline est une matière solide, cristalline, d'un jaune citron.

2° Pour la réduction de la nitronaphtaline, on se sert de grandes cornues en fonte, disposées sur voûte au-dessus d'un foyer, munies d'un agitateur et se trouvant en communication avec un cohobateur. On y introduit 2 parties de nitronaphtaline, que l'on chauffe légèrement, de manière à la fondre. On y incorpore ensuite, en agitant continuellement, 2 parties de limaille de fer ; enfin, on ajoute peu à peu 2 parties d'acide acétique du commerce. Aussitôt il s'établit une vive réaction ; la masse s'échauffe et la réaction s'accomplit.

Lorsqu'elle est terminée et que la température s'est abaissée de nouveau vers 100 degrés, on ajoute 2 parties de chaux vive et l'on distille.

La naphtylamine passe au-dessus de 300 degrés et se rassemble dans le récipient, en même temps qu'une petite quantité d'eau et d'acide acétique. Comme elle se solidifie au-dessous de 50 degrés, il faut avoir soin de maintenir à cette température l'eau des bâches que traversent les serpentins. Pour purifier le produit[1], on le lave, on le presse et on le distille de nouveau.

Cette distillation peut se faire par entraînement, à l'aide de la vapeur d'eau. On évite ainsi une décomposition partielle, due à la haute température à laquelle passe la naphtylamine, sous la pression ordinaire. On peut aussi purifier la naphtylamine brute en la convertissant en chlorhydrate.

Ce sel cristallise facilement. Sa solution, décomposée à chaud par la potasse ou par la soude, donne la naphtylamine sous la forme d'une huile qu'on peut filtrer à chaud, ou distiller au moyen de la vapeur d'eau, ou encore dans un courant d'hydrogène, comme l'a recommandé M. de Wildes, qui a légèrement modifié le procédé de préparation de M. Béchamp, ci-dessus décrit.

La naphtylamine pure cristallise en aiguilles blanches, soyeuses, aplaties. Elle fond à 50 et bout vers 300 degrés.

II

COULEURS DE NAPHTYLAMINE

La facilité avec laquelle la naphtylamine produit des matières colorantes sous l'influence des agents d'oxydation est un des traits qui marquent l'analogie de cette base avec la phénylamine ou aniline. Aussi le succès qu'ont obtenu les couleurs d'aniline a-t-il fait naître la pensée de préparer à

[1] D'après MM. Schützenberger et Willm, la naphtylamine brute, qui est formée par réduction de la nitronaphtaline au moyen du fer et de l'acide acétique, renferme une autre base, la phtalamine $C^8H^9AzO^2$.

l'aide de procédés analogues des couleurs de naphtylamine.

Lorsqu'on fait réagir sur les sels de naphtylamine, en solution aqueuse, des corps oxygénants ou déshydrogénants, tels que le bichromate de potassium, le permanganate de potassium, le perchlorure de fer, le perchlorure d'étain, le chlorure de mercure, etc., il se forme des matières colorantes violettes, qui ont été découvertes par M. Perkin, et que l'on a rapprochées de la mauvéine (p. 121), quoique leur constitution soit encore inconnue.

La *naphtaméine* se forme par l'action du perchlorure de fer sur le chlorhydrate de naphtylamine en présence d'un peu d'alcool. (Perkin.)

M. Roussin a préparé une matière violette en chauffant de 230 à 250 degrés le chlorhydrate de naphtylamine provenant de la réduction de la nitronaphtaline par l'étain et l'acide chlorhydrique, et renfermant, par conséquent, un mélange de chlorure stannique et de chlorure stanneux. La masse noire qui résulte de cette opération, préalablement épuisée par l'eau bouillante, cède à l'alcool une matière d'un rouge violet très-intense.

On obtient aussi une matière colorante violette lorsqu'on fait réagir sur la naphtylamine, à une température de 200 degrés environ, les réactifs qui ont été employés d'abord pour la préparation du rouge d'aniline, c'est-à-dire le perchlorure d'étain et le nitrate de mercure.

MM. Scheurer et A. Richard, auxquels on doit l'étude de cette réaction, ont observé qu'elle donne aussi lieu à la formation d'une certaine quantité de matière rouge. Celle-ci n'est autre chose que la rosanaphtylamine que nous étudions ci-après.

Enfin, l'oxyde de mercure, en agissant sur la naphtylamine à 100 degrés, engendre une matière colorante violette, soluble dans l'alcool et dans l'esprit de bois, et dont on peut se servir, en teinture et en impression, pour colorer les tissus en violet [1].

Toutes les matières violettes que l'on vient de mentionner sont à peu près abandonnées aujourd'hui : elles ne possèdent ni brillant ni éclat. On peut en dire autant de la *nitrosonaphtyline*, qui a été découverte par MM. Perkin et Church, et qui se forme par l'action de l'acide nitreux ou des nitrites alcalins sur la naphtylamine ou sur ses sels [2]. C'est une matière colorante rouge que l'on peut employer en teinture ou en impression. Pour la teinture, il suffit de passer les tissus dans un bain de chlorhydrate de naphtylamine chauffé à 50 degrés, de les tordre et de les plonger ensuite dans une solution étendue et froide d'azotite de potassium. On rince et on lave à grande eau. Les nuances que l'on obtient ainsi varient, suivant la concentration et l'acidité des bains employés, du rouge-aurore au rouge-marron très-foncé. Elles ne présentent aucun éclat et ne résistent pas au savon. Seule la matière rouge, dont la formation comme produit secondaire dans la réaction des agents déshydrogénants sur la naphtylamine sèche a été signalée par MM. Scheurer-Kestner et Richard, est devenue l'objet d'applications industrielles sérieuses. Cette matière a reçu le nom de *rosanaphtylamine*, qui marque son analogie avec la rosaniline. Elle a été étudiée par M. Hofmann, qui a reconnu sa composition. Nous allons indiquer son mode de formation et décrire sa préparation.

[1] De Wildes, *Répertoire de Chimie appliquée*, 1861, p. 172.

[2] $$\underbrace{C^{10}H^9Az}_{\text{Naphtylamine.}} + \underbrace{AzO^2H}_{\text{Acide azoteux.}} = \underbrace{C^{10}H^8(AzO)Az}_{\text{Nitrosonaphtyline.}} + H^2O.$$

III

ROSANAPHTYLAMINE

On doit à M. Schiendl la découverte de la réaction qui a été appliquée pour la première fois à la préparation de cette matière par la maison A. Clavel, de Bâle[1]. La rosanaphtylamine résulte de la transformation qu'éprouve l'azodinaphtyldiamine sous l'influence de la naphtylamine. L'azodinaphtyldiamine, découverte par MM. Perkin et Church, résulte, comme son isomère la diazoamidonaphtaline, de l'action de l'acide nitreux sur la naphtylamine. Elle appartient à la classe nombreuse des composés azoïques, dont l'industrie s'est déjà emparée pour la préparation de la safranine[2]. Pour la préparer, MM. Perkin et Church traitent le chlorhydrate de naphtylamine par un mélange d'azotite de potassium et de potasse[3].

[1] Schiendl, *Berichte der Deutschen Chem. Gesellschaft zu Berlin*, p. 374 et 412; *Bulletin de la Société chimique*, 1870, t. XIII, p. 95.

[2] La diazoamidonaphtaline et l'azodinaphtydiamine sont les analogues du diazoamidobenzol et de l'amidoazobenzol dont il a été question, page 118, à propos de la préparation de la safranine.

$$\underbrace{C^6H^5Az = Az\text{-}AzH\,(C^6H^5)}_{\text{Diazoamidobenzol.}} \qquad \underbrace{C^{10}H^7Az = Az\text{-}AzH\,(C^{10}H^7)}_{\text{Diazoamidonaphtaline.}}$$

$$\underbrace{C^6H^5Az = Az\text{-}C^6H^4\,(AzH^2)}_{\text{Amidoazobenzol.}} \qquad \underbrace{C^{10}H^7Az = Az\text{-}C^{10}H^6\,(AzH^2)}_{\text{Azodinaphtyldiamine (amidoazonaphtaline).}}$$

[3] La réaction est exprimée par l'équation suivante :

$$\underbrace{2\,(C^{10}H^9Az,HCl)}_{\text{Chlorhydrate de naphtylamine.}} + KHO + \underbrace{AzO^2K}_{\text{Azotite de potassium.}} = \underbrace{C^{20}H^{15}Az^3}_{\text{Azodinaphtyldiamine.}} + 2KCl + 3H^2O.$$

MM. Martius et Griess l'obtiennent en traitant une solution alcoolique de naphtylamine par l'acide azoteux. D'autres réactions ont été indiquées pour la préparation de l'azodinaphtyldiamine. Nous citerons en particulier les suivantes : action du stannate de sodium, à une température élevée, sur la naphtylamine (Martius et Griess) ; réduction d'un mélange de dinitronaphtaline et de nitrosonaphtyline en solution alcoolique par le zinc et l'acide chlorhydrique (Chapman), etc.

L'azodinaphtyldiamine cristallise en belles aiguilles rouges offrant des reflets verts. Elle fond à 156 degrés en un liquide rouge de sang.

Pour obtenir la rosanaphtylamine, on chauffe l'azodinaphtyldiamine avec la naphtylamine, en présence de l'acide acétique, c'est-à-dire avec l'acétate de naphtylamine. Il se dégage de l'ammoniaque et il reste de la rosanaphtylamine [1].

Préparation de la rosanaphtylamine. — Dans un ballon de 10 à 12 litres, chauffé au bain-marie, on introduit 5 kilogrammes d'azodinaphtyldiamine, 5 kilogrammes de naphtylamine pulvérisée, 2k, 55 d'acide acétique cristallisable. On élève la température vers 150 degrés jusqu'à ce que la dissolution soit complète. Il se dégage de l'ammoniaque. La matière colorante se développe peu à peu. On arrête l'opération aussi-

[1] La réaction suivante exprime la formation de la rosanaphtylamine :

$$\underbrace{C^{20}H^{15}Az^{3}}_{\text{Azodinaphtyldiamine.}} + \underbrace{C^{10}H^{9}Az}_{\text{Napthylamine.}} = \underbrace{C^{30}H^{21}Az^{3}}_{\text{Rosanaphtylamine.}} + AzH^{3}.$$

La rosanaphtylamine est une triamine qui est sans doute analogue à la rosaniline. D'après M. Hofmann, elle renferme, comme cette dernière, 5 atomes d'hydrogène capables d'être remplacés par des radicaux alcooliques. Les produits de substitution que l'on obtient en la chauffant avec les sels d'aniline, de toluidine, de naphtylamine, selon la réaction découverte par MM. Ch. Girard et de Laire, sont violets ou bleus. Ils ne possèdent qu'un faible éclat et n'ont pas reçu d'application industrielle.

tôt que l'on voit apparaître sur les bords du ballon une coloration violette. On ajoute alors 150 à 200 grammes d'acide acétique cristallisable, et on coule le contenu du ballon sur des plaques en fonte émaillée.

La matière brute ainsi obtenue renferme, indépendamment de l'acétate de rosanaphtylamine, de l'acétate de naphtylamine, des matières colorantes violettes et d'autres produits secondaires. Pour la purifier, on la dissout d'abord dans l'eau acidulée. Pour 10 kilogrammes de matière brute, on emploie 500 litres d'eau acidulée par l'acide chlorhydrique. Quand la solution est complète, on passe à travers des filtres en feutre, on sature exactement la liqueur par le carbonate de soude, et on y ajoute un excès de chlorure de sodium. Le chlorhydrate

Rosanaphtylamine sur soie.

de rosanaphtylamine se précipite à l'état cristallin. On le purifie en le dissolvant à plusieurs reprises dans l'eau acidulée et en précipitant par le chlorure de sodium.

Un autre procédé de purification consiste à décomposer la masse brute par un excès d'alcali. La naphtylamine en excès et la rosanaphtylamine sont mises en liberté. Après avoir entraîné la première de ces bases par un courant de vapeur d'eau, on convertit l'autre en chlorhydrate, que l'on purifie comme il vient d'être dit.

Le chlorhydrate de rosanaphtylamine présente à l'état sec l'aspect d'une poudre cristalline d'un brun foncé. Il est peu soluble dans l'eau froide, plus soluble dans l'eau bouillante ; il se dissout aisément dans l'alcool bouillant.

La solution alcoolique le laisse déposer, par une évaporation ménagée, en belles aiguilles vertes. Cette solution présente une fluorescence rouge d'un éclat incomparable.

Le chlorhydrate de rosanaphtylamine est employé pour la teinture de la soie, à laquelle il communique des nuances d'un rose vif magnifique présentant des reflets particuliers ; sur laine il donne des couleurs ternes.

IV

VIOLETS DE NAPHTYLAMINE DIRECTS

En traitant des matières dérivées de la naphtylamine, nous devons mentionner les essais qui ont été tentés pour développer directement des violets sur les tissus, en impression, en employant les sels de naphtylamine.

On sait que les sels d'aniline donnent dans ces circonstances, sous l'influence des agents d'oxydation, le noir d'aniline.

Par l'action des mêmes agents, les sels de naphtylamine développent une coloration violette, due sans doute à la formation de la naphtaméine. Une foule de recettes ont été proposées pour l'application des sels de naphtylamine en impression. M. Kilmeyer (*Dingler's polytechnisches Journal*) imprime au moyen d'un mélange, épaissi par l'amidon de naphtylamine, d'acide chlorhydrique et de chlorate de potassium, et abandonne pendant trois jours dans des chambres de vaporisation. Il se développe une teinte grise qui passe au violet par un lavage au carbonate de soude. M. Blumer-Zweifel emploie, dans des conditions analogues, un mélange de chlorhydrate de naphtylamine et de chlorure cuivrique.

Les nuances ainsi obtenues se rapprochent de celles que donne la garancine, mais les procédés qui les développent et qu'on vient d'indiquer sont moins pratiqués depuis que l'application de l'alizarine artificielle a pris une certaine extension.

Nous mentionnerons encore, pour mémoire, la matière colorante violette que M. Troost a obtenue en traitant la dinitronaphtaline par les agents réducteurs, tels que les sulfures, sulfhydrates, polysulfures. On peut rattacher ces matières à la naphtène-diamine, qui résulte elle-même de la réduction de la dinitronaphtaline[1].

Quant à la *naphtazarine*, qui a été découverte par M. Roussin et qui est engendrée de même par une action réductrice exercée sur la dinitronaphtaline, nous en dirons quelques mots, page 165.

1.

$C^{10}H^6\begin{cases}AzO^2.\\AzO^2.\end{cases}$	$C^{10}H^6\begin{cases}AzH^2.\\AzH^2.\end{cases}$
Dinitronaphtaline.	Naphtène-diamine

V

JAUNE DE NAPHTOL

Nous avons déjà mentionné cette matière colorante et son mode de préparation, à l'aide de la naphtylamine et du chlorure de diazonaphtol, tel qu'il a été indiqué par MM. Griess et Martius (page 149). On trouve plus avantageux aujourd'hui de préparer directement le jaune de naphtol à l'aide du naphtol préparé artificiellement, selon la méthode indiquée par MM. Wurtz, Kekulé et Dusart.

Préparation du naphtol.

On peut transformer la naphtaline en naphtol en la traitant par l'acide sulfurique et en fondant avec de la potasse l'acide naphtylsulfureux ainsi formé[1]. M. Merz ayant montré que, par l'action de l'acide sulfurique sur la naphtaline, il se forme deux acides sulfo-conjugués, M. Schaeffer a obtenu avec chacun d'eux un naphtol particulier. Ainsi il existe deux acides naphtylsulfureux et deux naphtols isomériques, le naphtol-α et le naphtol-β. C'est le naphtol-α, découvert par M. Griess, qui fournit par l'action de l'acide nitrique le dinitronaph-

[1] Ces réactions sont exprimées par les équations suivantes :

(1) $$\underbrace{C^{10}H^8}_{\text{Naphtaline.}} + \underbrace{SO^4H^2}_{\text{Acide sulfurique.}} = \underbrace{C^{10}H^7.SO^3H}_{\text{Acide naphtylsulfureux.}} + H^2O.$$

(2) $$\underbrace{C^{10}H^7.SO^3K}_{\text{Naphtylsulfite de potassium.}} + KHO = \underbrace{C^{10}H^7.OH}_{\text{Naphtol.}} + \underbrace{SO^3K^2}_{\text{Sulfite de potassium.}}.$$

tol : c'est donc lui qu'il s'agit de préparer à l'état de pureté.

Pour cela, on dissout la naphtaline à saturation dans l'acide sulfurique, en ayant soin de ne pas dépasser la température de 80 degrés ; on étend d'eau pour séparer l'excès de naphtaline non attaquée ; on sature la liqueur par la craie, on filtre et l'on concentre la solution. Elle laisse déposer une certaine quantité de β-naphtylsulfite de calcium. On sépare l'eau mère qui renferme l'α-naphtylsulfite, on la décompose par le carbonate ou le sulfate de sodium, on filtre et l'on évapore.

L'α-naphtylsulfite de sodium ainsi obtenu est décomposé par un mélange de potasse et de soude. Pour obtenir un mélange aussi exact que possible, on ajoute à la masse pulvérisée une petite quantité d'eau, de manière à la réduire en pâte, puis on évapore et on élève peu à peu la température vers 280 ou 300 degrés, où on la maintient pendant quelque temps. Il se dégage de la vapeur d'eau et des gaz. L'opération s'exécute dans une capsule en fonte argentée. Lorsqu'elle est terminée, on reprend la masse par l'eau, et on sursature la solution par l'acide chlorhydrique ou par l'acide sulfurique étendu. L'α-naphtol se sépare. On le recueille après le refroidissement, et on l'introduit dans une cornue de fer qui est chauffée à feu nu et dans laquelle on fait arriver un courant de vapeur d'eau surchauffée. Le naphtol est entraîné et se condense. On le purifie par cristallisation dans l'eau.

Pour opérer la décomposition du naphtylsulfite de sodium, et en général des sels sulfo-conjugués, par un mélange de soude et de potasse, M. Ch. Girard conseille d'employer un autoclave et d'achever la réaction sous pression. On ferme l'autoclave dès que la masse commence à se boursoufler.

Le naphtol ainsi obtenu cristallise en aiguilles brillantes, fusibles à 94 degrés (Schaeffer), douées d'une odeur désagréable et d'une saveur de phénol.

Transformation du naphtol en dinitronaphtol.

Elle s'effectue facilement lorsqu'on traite le naphtol à 100

Jaune de naphtol ou jaune de Manchester.

degrés par un mélange d'acide sulfurique et d'acide nitrique. On lave ce produit à l'eau.

Le dinitronaphtol, *jaune de Martius* ou *jaune de Manchester*, est une substance cristallisée d'un beau jaune[1].

[1] Wichelhaus et Darmstædter, *Bull. de la Société chim.*, t. XII, p. 502.

CHAPITRE VII

ALIZARINE ARTIFICIELLE

Celui qui fut longtemps le doyen des industriels d'Alsace, M. D. Kœchlin-Schouch, écrivait, en 1828 : « De toutes les substances qui servent en teinture, aucune ne mérite autant de fixer notre attention que la garance, qui est devenue d'un emploi si général, qu'elle forme la base de presque toutes nos teintures. » Dans un certain sens, ces paroles sont encore vraies, car le principe colorant de la garance, l'alizarine, reçoit encore aujourd'hui les applications les plus variées. Et pourtant la matière première qui la contient et la fournit, cette garance dont la culture et l'emploi ont fait la fortune de plusieurs contrées, est bien près d'être atteinte dans ses principaux débouchés, et cette décadence d'un produit naturel est due à une des conquêtes les plus étonnantes de la science moderne : l'alizarine est fabriquée aujourd'hui par synthèse.

L'histoire de cette découverte est tellement instructive et met en lumière d'une manière si éclatante l'influence de la science sur les progrès de l'industrie, que nous croyons devoir exposer, avec quelques détails, ses origines et son développement actuel.

L'alizarine avait été extraite, pour la première fois, par Robiquet et Colin, de la garance d'Alsace. Robiquet en avait donné une assez bonne analyse. Celles qui ont été publiées par

Schunck sont plus exactes pour l'hydrogène, et avaient conduit leur auteur à proposer pour l'alizarine cristallisée la formule $C^{14}H^{5}O^{4}+3aq.$ ($C=6$; $H=1$; $O=8$), laquelle, traduite dans la notation atomique, devient $C^{14}H^{10}O^{4}+3H^{2}O$. Chose curieuse, la formule $C^{14}H^{10}O^{4}$, qui est bonne pour le carbone et l'oxygène, n'a pas été acceptée. Laurent, ayant observé que les agents oxydants convertissent l'alizarine en acides phtalique et oxalique, envisagea ce corps comme un dérivé de la naphtaline, c'est-à-dire comme l'acide oxynaphtalique $C^{10}H^{6}O^{3}$, dont il avait obtenu le dérivé chloré $C^{10}H^{5}ClO^{3}$. La formule $C^{10}H^{6}O^{3}$ fut proposée par Strecker et Wolff, dont elle représentait très-bien les analyses. Gerhardt l'adopta et la propagea, et il semblait que, pour préparer l'alizarine artificiellement, il suffirait d'obtenir l'acide oxynaphtalique. L'expérience a montré qu'il n'en était pas ainsi. MM. Schützenberger et Lauth ont réussi, en effet, à remplacer par de l'hydrogène le chlore de l'acide chloroxynaphtalique, et ont reconnu que l'acide oxynaphtalique ainsi formé diffère complétement de l'alizarine.

Parmi les tentatives qui ont été faites dans le même ordre d'idées, il faut citer en première ligne une expérience de M. Roussin.

Ayant réduit la dinitronaphtaline par le zinc et l'acide sulfurique dans des conditions particulières, il a obtenu une matière colorante qu'il a crue d'abord identique avec l'alizarine. Et, de fait, elle s'en rapprochait beaucoup : c'était l'alizarine qui correspond à la naphtaline, et que M. E. Kopp a justement nommée depuis *naphtazarine*.

Ces tentatives avaient donc échoué ; elles étaient fondées sur des idées théoriques inexactes concernant la composition et le mode de dérivation de l'alizarine, idées qui ont été réformées par les beaux travaux de MM. Graebe et Liebermann sur les quinones. L'acide oxynaphtalique ayant été envisagé par ces chimistes comme l'oxynaphtoquinone[1], cette vue a été étendue à l'alizarine, qui a été rattachée aux composés quinoniques. Pour connaître la nature de l'hydrogène carboné dont elle dérive, MM. Graebe et Liebermann ont eu l'heureuse idée de la réduire et l'heureuse fortune de la convertir en anthracène. Ils ont obtenu ce dernier corps en soumettant l'alizarine à l'action de la poudre de zinc à une haute température. C'était une application nouvelle du procédé de réduction qui avait été indiqué par M. Baeyer.

Rappelons d'ailleurs que la poudre de zinc était usitée, en impression, pour faire des enlevages sur les tissus teints ou imprimés par la garance.

L'expérience de MM. Graebe et Liebermann, qui avait été publiée dans les *Berichte der Deutschen chemischen Gesellschaft zu Berlin*, à la date du 7 mars 1868, a donné lieu à de nouvelles idées sur la constitution de l'alizarine et à de nouveaux efforts pour la reconstituer artificiellement. L'anthracène ayant été reconnu comme l'hydrogène carboné générateur de l'alizarine, MM. Graebe et Liebermann appliquèrent à cette dernière la formule $C^{14}H^8O^4$. Elle apparaissait comme la dioxyanthraquinone[2], et l'idée de la reconstituer en partant de l'anthracène devait naître immédiatement dans l'esprit de chimistes aussi ingénieux. Aussi, dès le 14 décembre 1868, prirent-ils un brevet en France pour l'obtention artificielle de l'alizarine. Le procédé breveté consiste : 1° à convertir l'an-

[1] Naphtaline . . . . $C^{10}H^8$.
Naphtoquinone . . . . $C^{10}H^6(O^2)''$.
Oxynaphtoquinone . . . . $C^6H^5(OH)(O^2)''$.
Dioxynaphtoquinone (naphtazarine) . . . . $C^6H^4(OH)^2(O^2)''$.

[2] Anthracène . . . . $C^{14}H^{10}$.
Anthraquinone . . . . $C^{14}H^8(O^2)''$.
Dioxyanthraquinone (alizarine) . . . . . . $C^{14}H^6(OH)^2(O^2)''$.

La formule adoptée pour l'anthraquinone a été discutée et mise en doute dans ces derniers temps. Nous avons maintenu provisoirement cette formule.

thracène en anthraquinone, en l'oxydant par un mélange de bichromate de potasse et d'acide sulfurique ou acétique; 2° à convertir l'anthraquinone en un dérivé dibromé ou dichloré; 3° à soumettre à l'action des alcalis l'anthraquinone dibromée ou dichlorée, de façon à remplacer les deux atomes de brome ou de chlore par deux groupes oxhydryles, et à obtenir ainsi la dioxyanthraquinone, c'est-à-dire l'alizarine [1].

Une autre méthode indiquée dans le même brevet consistait à traiter l'anthracène par un excès de brome, de manière à le convertir en tétrabromure d'anthracène dibromé; celui-ci, chauffé avec une solution alcoolique de potasse, était converti en anthracène tétrabromé jaune [2].

En chauffant ce dernier corps à 100 degrés avec cinq fois

[1] Les équations suivantes représentent cette réaction :

(1) $$\underbrace{C^{14}H^{10}}_{\text{Anthracène.}} + O^3 = \underbrace{C^{14}H^8(O^2)''}_{\text{Anthraquinone.}} + H^2O.$$

(2) $$\underbrace{C^{14}H^8(O^2)''}_{\text{Anthraquinone.}} + Br^4 = \underbrace{C^{14}H^6Br^2(O^2)''}_{\text{Dibromoanthraquinone.}} + 2HBr.$$

(3) $$\underbrace{C^{14}H^6Br^2(O^2)''}_{\text{Dibromoanthraquinone.}} + 2KOH = \underbrace{C^{14}H^6(OH)^2(O^2)''}_{\text{Dioxyanthraquinone (alizarine).}} + 2KBr.$$

[2] La formation des dérivés bromés de l'anthracène et leur transformation en dibromoanthraquinone sont exprimées par les équations suivantes :

(1) $$\underbrace{C^{14}H^{10}}_{\text{Anthracène.}} + 4Br^2 = \underbrace{C^{14}H^8Br^2.Br^4}_{\text{Tétrabromure de dibromoanthracène.}} + 2BrH.$$

(2) $$\underbrace{C^{14}H^8Br^2.Br^4}_{\text{Tétrabromure de dibromoanthracène.}} + 2KHO = \underbrace{C^{14}H^6Br^4}_{\text{Anthracène tétrabromé.}} + 2KBr + 2H^2O.$$

(3) $$\underbrace{C^{14}H^6Br^4}_{\text{Anthracène tétrabromé.}} + 2AzO^3H = \underbrace{C^{14}H^6Br^2(O^2)''}_{\text{Dibromo-anthraquinone.}} + 2HBr + 2AzO^2.$$

Ajoutons que du brome se dégage par suite d'une réduction de l'acide bromhydrique sous l'influence des vapeurs nitreuses. Quant à la transformation de l'anthraquinone dibromée en alizarine, elle s'accomplit par l'action de la potasse, selon l'équation donnée plus haut.

son poids d'acide nitrique, on obtenait l'anthraquinone dibromée, laquelle donnait de l'alizarine par fusion avec l'hydrate de potasse.

Telles étaient les méthodes qui ont été d'abord indiquées pour la synthèse de l'alizarine. Sans nul doute, elles conduisent l'une et l'autre au but proposé, mais elles présentent un inconvénient sérieux, car elles exigent l'emploi du brome. Heureusement, elles ne tardèrent point à recevoir d'importantes modifications. MM. Perkin, Graebe, Liebermann et Caro prirent successivement, et à des dates très-rapprochées, des brevets ayant pour objet de perfectionner la première des méthodes qui viennent d'être indiquées. Les procédés ainsi brevetés peuvent se réduire aux deux suivants :

1° Au lieu de former l'anthraquinone dibromée, on convertit l'anthraquinone en un acide disulfoné (disulfureux) que l'on décompose par la potasse : il se forme du sulfite de potassium et de l'alizarine. On applique ainsi à la transformation de l'anthraquinone en alizarine la méthode que MM. Wurtz, Kekulé et Dusart ont indiquée pour la transformation des carbures d'hydrogène aromatiques en phénols[1].

[1] Les équations suivantes représentent la transformation de la benzine en phénol, et celle de l'anthraquinone en alizarine :

(1) $$\underbrace{C^6H^6}_{\text{Benzine.}} + SO^4H^2 = \underbrace{C^6H^5.SO^3H}_{\text{Acide phénylsulfureux.}} + H^2O.$$

(2) $$\underbrace{C^6H^5.SO^3K}_{\text{Phénylsulfite de potassium.}} + KHO = \underbrace{C^6H^5.OH}_{\text{Phénol.}} + \underbrace{SO^3K^2}_{\text{Sulfite de potassium.}}$$

(3) $$\underbrace{C^{14}H^8(O^2)''}_{\text{Anthraquinone.}} + 2SO^4H^2 = \underbrace{C^{14}H^6(SO^3H)^2(O^2)''}_{\text{Acide anthraquinodisulfureux.}} + 2H^2O.$$

(4) $$\underbrace{C^{14}H^6(SO^3K)^2(O^2)''}_{\text{Anthraquinodisulfite de potassium,}} + 2KHO = \underbrace{C^{14}H^6(OH)^2(O^2)''}_{\text{Alizarine.}} + \underbrace{2SO^3K^2}_{\text{Sulfite de potassium.}}$$

La théorie prévoit des cas d'isomérie dans les acides anthraquino-disulfureux, et

2° On peut former l'acide anthraquino-disulfureux en partant, non de l'anthraquinone, mais de l'anthracène, qu'on convertit d'abord en un dérivé disulfoné. L'acide anthracène-disulfureux, qui a pris naissance par l'action de l'acide sulfurique sur l'anthracène, peut être transformé en acide anthraquino-disulfureux par celle des agents d'oxydation. Il ne reste plus qu'à convertir ce dernier acide en alizarine en le chauffant avec la potasse, comme il a été dit précédemment[1]. Ce procédé est moins avantageux que le premier et semble avoir été abandonné dans la plupart des usines.

3° Enfin, MM. Meister, Lucius et Brüning ont pris un brevet pour la transformation de l'anthraquinone en alizarine, au moyen des dérivés nitrés de l'anthraquinone. Le dérivé mononitré, étant décomposé par la soude, fournit une matière colorante d'un beau jaune; le dérivé dinitré devrait fournir de l'alizarine[2].

par conséquent dans les produits hydroxylés qui en dérivent. C'est là peut-être une cause de perte dans le rendement de l'alizarine : il n'est pas certain, en effet, que ce corps puisse être remplacé par un isomère. En tout cas, se sont là des questions intéressantes et qui ont besoin d'être résolues par la science.

[1] Les transformations que subit l'anthracène dans ce procédé sont exprimées par les équations suivantes :

$$(1)\qquad \underbrace{C^{14}H^{10}}_{\text{Anthracène.}} + 2SO^4H^2 = \underbrace{C^{14}H^8(SO^3H)^2}_{\text{Acide anthracène-disulfureux.}} + 2H^2O.$$

$$(2)\qquad \underbrace{C^{14}H^8(SO^3H)^2}_{\text{Acide anthracène-disulfureux.}} + O^3 = \underbrace{C^{14}H^6(SO^3H)^2(O^2)''}_{\text{Acide anthraquino-disulfureux.}} + H^2O.$$

Pour la transformation de l'acide anthraquino-disulfureux, voir l'équation (4) de la note précédente.

[2]

$$\underbrace{C^{14}H^7(AzO^2)(O^2)''}_{\text{Anthraquinone mononitrée.}} + NaOH = C^{14}H^7(OH)(O^2)'' + \underbrace{AzO^2Na.}_{\text{Nitrite de sodium.}}$$

$$\underbrace{C^{14}H^7(AzO^2)^2(O^2)''}_{\text{Anthraquinone dinitrée.}} + 2NaOH = \underbrace{C^{14}H^6(OH)^2(O^2)''}_{\text{Alizarine}} + \underbrace{2AzO^2Na.}_{\text{Nitrite de sodium.}}$$

I

PREMIÈRE MÉTHODE POUR LA TRANSFORMATION DE L'ANTHRACÈNE EN ALIZARINE

§ 1er. *Préparation de l'anthraquinone.*

Il s'agit d'abord de préparer l'anthraquinone. Plusieurs procédés sont en usage pour cette préparation.

1° *Oxydation de l'anthracène par l'acide nitrique.* — Ce procédé est dû à M. Anderson. Il consiste à faire bouillir, pendant plusieurs jours, de l'anthracène avec de l'acide nitrique d'une densité de 1,2.

On opère dans de grandes cornues de verre, et, si l'on a soin de ne pas employer un trop grand excès d'acide nitrique, on peut arriver à sublimer l'anthraquinone dans la cornue même où l'on a oxydé l'anthracène. Après avoir distillé à sec, on chauffe jusqu'à sublimation de l'anthraquinone.

Ce procédé a été modifié de la manière suivante : on chauffe au bain de sable, à 110 ou 120 degrés, dans de grandes cornues de verre, semblables à celles qui servaient autrefois pour la concentration de l'acide sulfurique, 1 partie d'anthracène et 10 parties d'acide acétique, et l'on ajoute peu à peu à la solution de l'acide nitrique d'une densité de 1,3, en quantité suffisante pour oxyder l'anthracène. On reconnaît que l'oxydation est arrivée à son terme lorsqu'une nouvelle portion d'acide nitrique ne produit plus d'effervescence. On distille alors pour recueillir l'excès d'acide acétique; on lave le résidu d'anthraquinone, on le sèche et on le purifie par sublimation.

2° *Oxydation de l'anthracène par le bichromate de potassium.* — Pour la préparation industrielle de l'anthraquinone, MM. Graebe et Liebermann indiquent l'emploi du bichromate de potassium, soit seul, soit mélangé avec de l'acide sulfurique ou de l'acide acétique cristallisable.

On dissout une partie d'anthracène dans l'acide acétique concentré et bouillant, et l'on ajoute peu à peu à la solution 2 parties de bichromate de potassium et une quantité d'acide sulfurique qui varie suivant que l'on veut fournir du sulfate acide de potassium et de l'acétate de chrome, ou du sulfate acide de potassium et du sulfate de chrome. Dans le premier cas, on prend 147 parties de bichromate, 100 parties d'acide sulfurique ; dans le second cas, pour la même quantité de bichromate on ajoute 250 parties d'acide sulfurique.

Aussitôt fait, le mélange s'échauffe spontanément, l'acide chromique se réduit, et la teinte de la solution passe au vert. Pour que la réaction, qui a commencé d'elle-même, puisse s'achever, il est nécessaire de chauffer au bain-marie. On reconnaît qu'elle est terminée lorsque la solution a pris une teinte d'un vert foncé. On étend alors d'eau, de manière à précipiter l'anthraquinone qui est insoluble, tandis que les sels de chrome restent en dissolution. Il est nécessaire de débarrasser entièrement le précipité de ces sels de chrome. Pour cela, on le soumet à des lavages méthodiques dans de grandes cuves de bois, opération qui exige beaucoup d'eau. Le lavage terminé, on recueille le précipité au filtre-presse (voir planche V) ; on dessèche la masse qui reste sur le filtre en la portant dans de grandes étuves en tôle ; enfin on purifie complétement l'anthraquinone par distillation ou par sublimation.

En modifiant les proportions indiquées et en employant des appareils distillatoires pouvant résister au mélange d'acides sulfurique et acétique, on parvient à recueillir une partie de l'acide acétique sans pour cela compromettre le rendement en anthraquinone.

3° *Oxydation de l'anthracène par l'acide chromique.* — On dissout l'anthracène dans l'acide sulfurique, et on ajoute à la solution, non du bichromate de potassium, mais de l'acide chromique. Celui-ci se réduit à l'état d'oxyde de chrome, lequel se combine avec l'acide sulfurique. La réaction terminée, on ajoute de l'eau : l'anthraquinone insoluble se précipite et est purifiée comme il a été dit plus haut. La solution acide renferme du sulfate de chrome et peut servir à la régénération du bichromate. Pour cela, on enlève l'excès d'acide sulfurique en ajoutant une certaine proportion de chaux. On sépare le sulfate de chaux par le filtre et on précipite la solution de sulfate de chrome par un excès de chaux : il se forme un précipité d'oxyde de chrome et de sulfate de chaux qui reste mêlé à un excès de chaux. On le recueille, on le sèche et on le passe dans un four à réverbère à longue flamme oxydante : il se forme du chromate de chaux qu'on convertit en chromate de potassium par double décomposition.

Le rendement en alizarine et les qualités de ce produit dépendent beaucoup du degré de pureté de l'anthraquinone employée. On la purifie généralement par sublimation, mais on a indiqué divers autres procédés de purification, tels que le traitement par les alcalis, par les huiles de pétrole légères, par l'alcool et même par l'acide nitrique concentré.

A l'état de pureté, l'anthraquinone cristallise en magnifiques aiguilles jaunes. Elle fond à 273 degrés et se laisse sublimer sans altération.

§ 2. *Transformation de l'anthraquinone en acide anthraquino-disulfureux.*

Pour réaliser cette transformation, on chauffe l'anthraquinone avec de l'acide sulfurique concentré. L'opération s'exécute dans des vases de fonte doublés de plomb, ou de fonte émaillée, capables de résister à l'action de l'acide concentré et chaud (voir planche IV, fig. 12). Ce sont des espèces de chaudières qui sont placées dans une enveloppe et dont les bords sont dressés et rivés sur ceux du vase servant d'enveloppe. L'intervalle entre les deux chaudières est rempli d'huile. Les chaudières où s'accomplit la réaction sont munies d'un couvercle qui reçoit lui-même une sorte de cheminée destinée à livrer passage aux vapeurs acides et au gaz sulfureux qui se dégage en abondance.

Dans ces chaudières on introduit, pour 1 partie d'anthraquinone, environ 3 parties d'acide sulfurique concentré (densité 1,848). On chauffe à 260 degrés, et l'on maintient cette température jusqu'à ce qu'une petite quantité de liquide, prélevée sur la masse, se dissolve complétement dans l'eau[1]. On laisse alors refroidir, puis on étend d'eau. Il s'agit maintenant de séparer l'excès d'acide sulfurique. Pour cela, on neutralise par la chaux; on emploie d'abord un lait de chaux et l'on complète la neutralisation en ajoutant de la craie. Il faut évi-

[1] A cette température élevée, on est exposé à perdre une certaine quantité d'anthraquinone par sublimation. On a cherché à remédier à cet inconvénient en remplaçant l'acide sulfurique ordinaire par l'acide fumant, qui se combine plus facilement, et à une température moins élevée, à l'anthraquinone. On emploie pour deux parties d'acide sulfurique ordinaire une partie d'acide de Nordhausen. Dans ce cas, il est inutile de porter la masse à une température aussi élevée, et il convient de chauffer en vase clos. Il paraît qu'on atteint le même résultat par l'addition de 1 ou 2 p. 100 d'acide nitrique à l'acide sulfurique. Mais l'alizarine obtenue par ce procédé donne des nuances virant un peu sur le jaune.

ter un trop grand excès de base calcaire, la masse du sulfate de chaux précipité étant déjà fort encombrante. Pour séparer ce sulfate de l'anthraquino-disulfite de calcium, il est nécessaire de porter le tout à l'ébullition, car ce dernier sel est peu soluble à froid. La liqueur bouillante est rapidement passée au filtre-presse. Le sulfate de chaux reste : il est comprimé fortement. La solution bouillante d'anthraquino-disulfite est décomposée par un léger excès de carbonate de soude, et l'ébullition est maintenue jusqu'à ce que le précipité de carbonate de chaux soit devenu grenu, de manière à se déposer facilement. On décante alors et l'on évapore à siccité la solution d'anthraquino-disulfite de sodium.

§ 3. *Transformation de l'acide anthraquino-disulfureux en alizarine.*

Dans de grands cylindres en fonte (planche IV, fig. 13) chauffés au bain d'huile et munis d'agitateurs à ailettes qui permettent, non-seulement d'agiter constamment la masse, mais de la ramener de bas en haut, on introduit 3 parties d'anthraquino-disulfite de sodium sec et 2 ou 3 parties d'alcali caustique auquel on ajoute une petite quantité d'eau, afin de faciliter le mélange. On emploie la soude, la potasse ou un mélange des deux alcalis. On chauffe au-dessus de 200 degrés, en maintenant la température entre 200 et 280 degrés jusqu'à ce que la masse ait pris une couleur violet-bleu foncé[1].

[1] Quelques fabricants ont l'habitude d'ajouter à la masse de 5 à 10 p. 100 de chlorate de potassium. Cette addition, qui doit se faire peu à peu, a pour résultat l'obtention d'une alizarine présentant une teinte plus violette, circonstance qui est due sans doute à la production d'une certaine quantité de purpurine par l'action oxydante du chlorate. On sait, en effet, que la purpurine ne diffère de l'alizarine que par un atome d'oxygène en plus, et que M. Delalande a réussi, dans ces derniers temps, à fabriquer la purpurine par voie de synthèse, en soumettant l'alizarine à une réaction oxydante.

Pour contrôler la marche de l'opération et pour apprécier la richesse du produit, on prélève un échantillon, on le dissout dans une quantité d'eau déterminée, et on le précipite par une proportion convenable d'acide sulfurique étendu : il se produit un précipité jaune brun que l'on jette sur un filtre, disposé sur un vase dans lequel on fait le vide au moyen d'une trombe. Le précipité étant rassemblé sur le filtre, ce que la disposition indiquée permet de faire rapidement, on le sèche et on le pèse. On arrête l'opération lorsqu'on a atteint le poids cherché.

On fait arriver alors, avec précaution et par petites portions, de l'eau bouillante dans la masse contenue dans la chaudière après l'avoir laissée refroidir. On peut aussi la couler et la traiter par l'eau dans des vases appropriés. La solution, débarrassée par filtration de quelques matières insolubles, est décomposée à chaud par un léger excès d'acide sulfurique étendu ou d'acide chlorhydrique. On préfère généralement l'acide sulfurique à cause du prix relativement élevé des sulfates et de la facilité que l'on a de les transformer en carbonates. Pendant la saturation, il se dégage de grandes quantités d'acide carbonique et d'acide sulfureux que l'on peut recueillir. L'alizarine se précipite en gros flocons denses d'une couleur jaune brunâtre. Le précipité est reçu sur un filtre-presse construit de façon à pouvoir y passer plusieurs mètres cubes de liquide dans l'espace de quelques minutes, et aussi à pouvoir laver le précipité à l'eau froide ou à l'eau chaude. On livre le produit à l'état de pâte.

II

DEUXIÈME MÉTHODE POUR LA TRANSFORMATION DE L'ANTHRACÈNE EN ALIZARINE

1° Dans de grandes cuves en fonte émaillée on introduit 1 partie d'anthracène et 4 parties d'acide sulfurique concentré. On chauffe pendant quatre à cinq heures à 100 degrés, puis on porte la température à 160 degrés, et on la maintient à ce point jusqu'à ce qu'une goutte prélevée sur la masse se dissolve dans l'eau sans produire un précipité. On laisse alors refroidir, puis on reprend la masse par trois fois son poids d'eau. Lorsque l'opération est bien conduite, tout doit se dissoudre. S'il restait un excès d'anthracène, il demeurerait insoluble et pourrait être recueilli par filtration. L'anthracène qui sert pour cette opération n'est pas toujours pur; il peut être mélangé avec d'autres carbures d'hydrogène et avec des homologues supérieurs. On parvient à les séparer de l'anthracène par l'opération même que nous décrivons, c'est-à-dire par l'action de l'acide sulfurique. Lorsqu'on opère dans les conditions ci-dessus indiquées, l'anthracène seul se dissout dans l'acide sulfurique.

2° La solution acide que l'on obtient ainsi, étant débarrassée par filtration du résidu insoluble, renferme un mélange d'acide anthracène-disulfureux et d'acide sulfurique. Il s'agit d'oxyder le premier de ces acides pour le transformer en acide anthraquino-disulfureux. Pour cela, on porte la liqueur à l'ébullition, et on la maintient bouillante pendant quelque temps, de façon à la concentrer peu à peu, puis on y ajoute, pour 1 partie d'anthracène, 3 parties de bioxyde de manganèse. Ce dernier doit être très-finement pulvérisé. On préfère généralement celui qui provient de la régénération du manganèse ayant servi à la préparation du chlore. En fixant l'oxygène dégagé par l'action de l'acide sulfurique sur le bioxyde de manganèse, l'acide anthracène-disulfureux se convertit en acide anthraquino-disulfureux : il se forme du sulfate de manganèse. Pour se débarrasser de ce sel, on étend la liqueur avec une grande quantité d'eau et on y ajoute un lait de chaux : il se forme du sulfate de chaux et de l'hydrate manganeux, tandis que l'anthraquino-disulfite de calcium reste en solution. On passe au filtre-presse (planche V), puis on décompose à l'ébullition, comme il a été dit plus haut, l'anthraquino-disulfite de calcium par le carbonate de sodium. Le précipité calcaire ayant été séparé par le filtre, on évapore l'anthraquino-disulfite de sodium, et l'on achève la préparation comme il a été dit précédemment.

3° Diverses modifications ont été introduites dans le procédé qui vient d'être décrit. D'abord on peut remplacer le bioxyde de manganèse par d'autres oxydants, tels que l'oxyde puce de plomb, le bichromate de potassium, l'acide nitrique. Récemment, MM. Dale et Schorlemmer ont proposé d'introduire dans la méthode qui vient d'être décrite, pour la préparation de l'alizarine, une modification qui serait de nature à la simplifier beaucoup, car elle permettrait d'opérer du même coup la transformation de l'acide anthracène-disulfureux en acide anthraquino-disulfureux et la conversion de ce dernier en alizarine. Pour cela, ces chimistes ajoutent à la solution de l'anthracène-disulfite de sodium une petite quantité de nitrate de potassium ou de sodium ou de chlorate de potassium, puis la quantité d'alcali nécessaire pour la décomposition de l'anthraquino-disulfite qui va se former. Le tout étant réduit à siccité, on chauffe entre 180 et 260 degrés, jusqu'à ce que la coloration violet bleu ait atteint son maximum. Sous l'influence oxydante du chlorate et du nitrate, l'anthracène-disulfite se convertit, comme nous venons de le dire, en anthraquino-disulfite, que l'alcali libre convertit en alizarine.

Dans le même ordre d'idées, M. Ch. Girard avait indiqué, pour effectuer la double transformation dont il s'agit, l'emploi d'un mélange de potasse et d'oxydes de cuivre, de plomb ou de mercure. On chauffe le mélange sous pression. D'après l'auteur de ce procédé, on évite, en opérant ainsi, la formation de produits secondaires.

III

PROCÉDÉ DE MM. MEISTER, LUCIUS ET BRÜNING, POUR LA TRANSFORMATION DE L'ANTHRAQUINONE EN ALIZARINE [1]

On commence par transformer l'anthracène en anthraquinone. Pour cela, 1 partie d'anthracène purifié, fusible entre 207 et 210 degrés, est oxydée, dans des vases en grès ou en fonte émaillée, par $0^{p},25$ de bichromate de potassium et 12 parties d'acide nitrique d'une densité de 1,05, par conséquent très-étendu.

L'anthraquinone résultant de cette oxydation est dissoute dans 6 parties d'acide nitrique bouillant d'une densité de 1,5, l'action de cet acide devant se prolonger jusqu'à ce qu'un échantillon prélevé ne dépose plus d'anthraquinone par le refroidissement. La solution nitrique est alors additionnée d'eau :

[1] Brevet du 6 septembre 1872.

il se sépare de la mononitroanthraquinone sous forme d'un précipité jaune. Après lavage et dessiccation, ce corps est chauffé de 170 à 220 degrés, avec 9 à 12 parties d'une lessive de soude, d'une densité de 1,3 à 1,4. On chauffe jusqu'à ce que, un échantillon étant décomposé par un acide, le précipité n'augmente plus. On laisse alors refroidir; on reprend la masse par l'eau bouillante; on filtre et on décompose la solution encore chaude par un acide. On obtient un précipité brun jaunâtre qu'on peut employer en teinture, ou dont on peut extraire de l'alizarine pure. Ce qui reste sur le filtre est principalement de l'anthraquinone qui rentre dans le travail.

D'après les équations données plus haut (page 165), ce n'est pas la dioxyanthraquinone, c'est-à-dire l'alizarine, qui devrait

Rouge d'alizarine sur coton.

se former dans la réaction de la potasse sur la mononitroanthraquinone, mais bien la monoxyanthraquinone. Mais il faut remarquer que cette dernière, prenant naissance en même temps que du nitrite de soude, peut s'oxyder aux dépens de ce sel.

IV

Nous avons exposé dans les pages précédentes les procédés qui servent aujourd'hui à la production industrielle de l'alizarine. A peine sortis du laboratoire, ces procédés se sont perfectionnés rapidement, et l'industrie qui les applique a pris un développement rapide et une place considérable au point de vue économique. En Allemagne, huit usines, dont deux très-importantes, sont en pleine activité[1]. On en compte deux en

Violet d'alizarine sur coton.

Suisse, une en Angleterre, une en France, fondée par l'ancienne et honorable maison Thomas, à Avignon.

MM. Thomas frères ont eu la bonne pensée et le courage d'établir une fabrique d'alizarine artificielle au centre même de

[1] Au moment où ce rapport est mis sous presse (mai 1875), le nombre des fabriques d'alizarine artificielle s'est élevé à 12 en Allemagne. Depuis 1874, une fabrique s'est établie en Bohême.

ce Comtat Venaissin, qui a été jusqu'ici le principal lieu de production de la garance.

On peut évaluer à 3,500 kilogrammes la quantité d'alizarine artificielle produite journellement, et cette production a certainement augmenté depuis l'année dernière. Et, dans cette production considérable, il faut le constater à regret, notre pays occupe le dernier rang.

L'alizarine commerciale se présente sous forme d'une pâte orangée, plus ou moins riche. Ses qualités dépendent de diverses circonstances, notamment de la pureté de l'anthracène, des proportions et de la concentration de l'acide sulfurique, qui a réagi sur l'anthraquinone, de la température à laquelle cette réaction s'est accomplie, de la quantité et de la concentration de la lessive de soude, qui a réagi sur les acides sulfo-conjugués, enfin, de la température à laquelle cette réaction a eu lieu.

Cette production d'alizarine artificielle a-t-elle atteint et est-elle de nature à atteindre sérieusement, dans l'avenir, la culture, le commerce, la préparation industrielle et les débouchés de la garance? A cette double question il semble qu'on doive répondre par l'affirmative. D'ores et déjà les extraits de garance ont presque complétement disparu, sauf pour quelques cas spéciaux. Et, chose digne de remarque, c'est au moment où la fabrication des produits retirés de la garance avait été l'objet de perfectionnements importants qu'elle a été atteinte. Tous les chimistes ont admiré, à l'Exposition de Vienne, l'alizarine et la purpurine naturelles qu'avait exposées M. Meissonnier.

Une des fabrications qui employaient le plus de fleur de garance et de garancine, celle du rouge d'Andrinople, trouve de nombreux avantages à remplacer ces produits par l'alizarine artificielle, qui l'emporte par la solidité et l'éclat de la nuance, aussi bien que par la simplicité plus grande des procédés de teinture.

Dans l'avenir, la couleur artificielle prendra sur le marché une importance de plus en plus grande, aux dépens du produit naturel, à mesure que les frais de fabrication et surtout le prix de la matière première, l'anthracène, diminueront. Aujourd'hui, ce dernier conserve encore le prix relativement élevé de

Noir d'alizarine sur coton.

10 francs le kilogramme. Ce prix pourra s'abaisser à mesure que l'industrie de la distillation des goudrons de houille ira se développant dans les divers pays. Peut-être aussi parviendra-t-on à produire l'anthracène par synthèse, problème qui a été jusqu'ici abordé et résolu par divers chimistes, mais non dans des conditions qui en permettent l'application industrielle. Tout cela est du domaine de l'avenir, et d'un avenir qu'il est impossible de préjuger. En attendant, la culture de la garance pourra continuer dans les régions privilégiées où elle s'est principalement établie, et le malheur de la voir disparaître entièrement ne semble pas près de se réaliser.

CONCLUSION

Nous voici arrivé au terme de cette longue exposition, et il faut conclure en indiquant la part qu'a prise notre pays dans le progrès de la puissante industrie que nous avons dé crite, et en étudiant les conditions qui sont de nature soit à favoriser, soit à entraver ces progrès.

Le grand mouvement scientifique et industriel qui caractérise notre époque est dû à une direction particulière et à un effort soutenu de l'esprit humain, chez toutes les nations civilisées, et les résultats obtenus sont la propriété collective, le trésor commun de l'humanité. Mais chaque nation a sa place distincte dans la grande famille, chacune a son passé, son histoire, son avenir. Il est donc utile, il est légitime de rechercher et de consigner la part qu'elle a prise dans ce grand mouvement qui change la face du monde : désormais les annales de la science et de l'industrie prendront dans l'histoire générale une place aussi importante au moins que les fastes de la guerre et de la politique.

Au commencement de ce siècle, la France était bien préparée pour les découvertes industrielles. Une pléiade de savants illustres était à l'œuvre dans les laboratoires, et les arts chimiques ont recueilli les fruits de la grande rénovation scientifique entreprise par Lavoisier et ses disciples. Parmi les progrès accomplis, il suffit de rappeler la découverte de la fabrication de la soude artificielle, due à Leblanc, et qui a exercé une si grande influence sur le développement de l'industrie et de la richesse nationales. Mais, vers le milieu du siècle, le mouvement dont il s'agit s'est sensiblement ralenti : on s'en rapportait volontiers à la gloire du passé, et l'on s'attachait à ses traditions. Les idées nouvelles qui avaient surgi dans la science, et qui, depuis, l'ont rajeunie, ont été froidement accueillies et ont fait fortune de l'autre côté de la frontière. L'outillage scientifique, l'installation et la dotation des laboratoires étaient restés, à quelques exceptions près, dans l'état où ils étaient au commencement du siècle. Pendant ce temps, les pays voisins, l'Allemagne à leur tête, se mettaient à l'œuvre. Dans tous les centres importants, des laboratoires se sont élevés, magnifiquement construits et libéralement dotés. Aucune ressource n'y fait défaut à ceux qui enseignent et cultivent la science, comme à ceux qui veulent s'y initier. Ces derniers s'y pressent en grand nombre. C'est une phalange compacte, et les vétérans qui ont acquis une instruction solide se répandent, chaque année, dans les rangs de la société, les uns pour suivre la carrière de l'enseignement, le plus grand nombre pour se vouer aux arts industriels. C'est ainsi que les laboratoires sont à la fois des écoles de haute science et des pépinières d'hommes pratiques. Et qu'on ne croie pas que la distance soit si grande entre la théorie et l'application industrielle. Ce rapport aurait été écrit en vain, s'il n'avait pas mis en lumière la haute influence de la science pure sur les découvertes de l'industrie. Si, par malheur, le foyer scientifique devait s'affaiblir ou s'éteindre un jour, les arts pratiques seraient voués à une décadence rapide. Ce sont donc des dépenses productives que celles qu'un pays consacre à la science et à l'instruction supérieure, et l'Allemagne n'a pas tardé à recueillir les fruits de sa prévoyance. Il y a trente ou quarante ans, l'industrie y était à peine née : elle y est puissante aujourd'hui. Les diverses fabrications qui font l'objet de ce rapport nous en fournissent un exemple bien frappant, mais qui, heureusement pour notre pays, ne se reproduit pas dans d'autres branches du travail national. D'après une évaluation approximative, mais qui ne paraît pas s'éloigner beaucoup de la vérité, la valeur des matières colorantes artificielles a atteint, l'année dernière :

En Allemagne.	30,500,000 fr.
	(dont 15,000,000 fr. pour l'alizarine).
En Suisse.	7,000,000
En Angleterre.	9,000,000
En France.	7,000,000

On le voit, l'industrie dont il s'agit, et qui est, entre toutes, une industrie savante, a pris en Allemagne un plus grand développement que partout ailleurs. Et pourtant on ne saurait méconnaître le nombre et la valeur des découvertes dont cette industrie est redevable à la France. La fuchsine, le bleu de Lyon, le violet de Paris, le vert lumière, la safranine, les bleus de diphénylamine, sont des produits français, mais qui n'ont pas tardé, comme l'ont souvent fait les idées dirigeantes elles-mêmes, à s'acclimater ailleurs. Les noms de MM. Ch. Lauth, Ch. Girard, de Laire, Coupier, Bardy, Dusart, Béchamp, qui sont venus si souvent sous notre plume, et, dans une sphère un peu différente, celui de l'éminent M. Schützenberger, sont associés à de nombreux et beaux travaux, et si, dans ces derniers temps, les découvertes de l'alizarine artificielle et de l'éosine ont placé au premier rang, à côté de l'illustre M. Hofmann qui l'occupe depuis longtemps, d'honorables chimistes allemands, les savants de notre pays vont redoubler d'ardeur et soutiendront avec honneur cette lutte pacifique, lorsque les pouvoirs publics auront enfin mis à leur disposition les moyens de travail réclamés depuis si longtemps. Au demeurant, malgré les conditions défavorables que nous venons d'indiquer, la France a fait bonne figure à l'Exposition de Vienne, dans les arts chimiques aussi bien que dans d'autres branches du travail. Sur 421 grands diplômes d'honneur attribués aux exposants du monde entier, la France en a remporté 85. Les vitrines de nos exposants attiraient tous les regards, et par la variété et par la qualité des produits, comme aussi par l'élégante disposition des objets.

Des fabricants aussi habiles que MM. Poirrier, Coupier, Laurent et Casthelaz, Meissonnier, Guinon fils et Ce, Guinon jeune et Picard, Thomas et Ce, etc., porteraient certainement au plus haut degré la prospérité de leur industrie, s'ils n'étaient gênés trop souvent dans l'exploitation de leurs découvertes ou de celles des autres par la législation sur les brevets d'invention, et surtout par le défaut d'uniformité de cette législation dans les différents pays de l'Europe.

En France, chacun est libre de breveter soit un produit nouveau, soit une application nouvelle d'un produit connu, soit un nouveau procédé de fabrication d'un produit donné. En Angleterre, les dispositions de la loi sont à peu près les mêmes. Dans l'Empire allemand, les brevets ne sont valables qu'à la condition d'être agréés par une Commission d'examen. La Suisse n'admet pas de brevets. L'industrie s'y exerce librement, et la propriété d'une invention n'y est pas protégée. Ces conditions disparates créent une situation difficile à l'industrie française. En effet, tous les étrangers sont libres de breveter leurs produits ou leurs procédés en France, tandis que nos nationaux ne peuvent exploiter une découverte en Allemagne qu'à la condition de la faire reconnaître par une Commission étrangère. En Suisse, ils ne peuvent pas l'exploiter du tout, ou du moins n'ont aucun privilége contre le premier venu, qui est libre de copier leur brevet en France et de l'exploiter tranquillement de l'autre côté de la frontière. Ce sont là de graves inconvénients. Il serait donc important d'arriver à une entente avec les puissances étrangères, dans le but de régler la propriété des découvertes industrielles par des conventions internationales, comme on est parvenu à régler, par les mêmes voies, la propriété littéraire.

Nous donnons, en terminant, la liste des récompenses qui ont été attribuées aux exposants français, dans l'industrie qui a fait l'objet spécial de ce rapport.

GRANDS DIPLÔMES D'HONNEUR.

MM. Bardy (Charles), travaux importants relatifs à la fabrication des couleurs d'aniline.

Coupier (Théodore), production de couleurs d'aniline sans acide arsénique.

Girard (Charles) et de Laire, découvertes relatives à l'industrie des couleurs d'aniline.

Lauth (Charles), découvertes relatives à l'industrie des couleurs d'aniline.

Poirrier (A.), fabrication des couleurs d'aniline.

MÉDAILLES DE PROGRÈS.

MM. Bardy et Dusart, travaux préparatoires relatifs à la fabrication des couleurs d'aniline.

Casthelaz (John), travaux préparatoires relatifs à la fabrication des couleurs d'aniline.

Compagnie parisienne de l'éclairage et du chauffage par le gaz, progrès accomplis dans la distillation du goudron.

Dehaynin (Félix), progrès accomplis dans la distillation du goudron.

Guinon fils et Ce, travaux relatifs à la fabrication des matières colorantes.

Phénylline (Société anonyme la), travaux relatifs à la fabrication des matières colorantes.

Thomas frères (Avignon), introduction en France de l'industrie de l'alizarine artificielle.

MÉDAILLES DE MÉRITE.

MM. Guinon jeune et Picard, matières colorantes.

Verlès, produits de la distillation du goudron.

DIPLÔME DE MÉRITE.

M. Luthringer, matières colorantes.

MÉDAILLES DE COOPÉRATION.

MM. Baubigny, ouvrages scientifiques.

Chapoteaut, ouvrages scientifiques.

Morel, collaborateur de M. Poirrier, à Saint-Denis.

Ad. WURTZ.

EXPLICATION DES PLANCHES

PLANCHE I

Fig. 1. — *Appareil pour l'épuration du gaz, par MM. E. Pelouze et P. Audouin.*

aa. Plan de l'appareil épurateur.

bb. Coupe de l'appareil épurateur.

N. B. Les flèches indiquent la circulation du gaz dans l'appareil épurateur.

Fig. 2. — Élévation de l'appareil épurateur (dessin en grandeur naturelle).

A, B. Appareil épurateur déployé.

Fig. 2 *bis*. — Plan de l'appareil déployé suivant A B.

Fig. 3. — Coupe suivant AB de l'appareil ployé.

Fig. 4. — *Appareil de M. Coupier pour la séparation des carbures d'hydrogène benzéniques.*

A. Chaudière chauffée à la vapeur.

aa. Colonne à 10 plateaux.

bbb. Plateaux.

c. Tube en S, conduisant dans la chaudière les produits condensés dans la colonne.

ddd. Cannes ou tuyaux de rechute, pour le retour dans la colonne des produits condensés dans la bâche.

ee. Robinets pour prélever des échantillons.

f. Bâche ou réchauffeur contenant un serpentin horizontal. (Fig. 4 *bis*.)

g. Serpentin condensateur.

t. Thermomètre.

Fig. 4 *bis*. — Réchauffeur avec serpentin.

PLANCHE II

Fig. 5. — *Appareil à colonne pour la séparation des carbures d'hydrogène benzéniques.*

a. Colonne à 20 plateaux.

b. Plateaux.

c. Chaudière.

d. Tube de vapeur.

d'. Sortie du tube de vapeur.

e. Trou d'homme.

f. Robinet de vidange.

g. Tubulure pour l'alimentation.

h. Thermomètre.

i. Tube pour la conduite des vapeurs.

k. Bâche fermée ou réchauffeur contenant deux serpentins.

l. Serpentin pour la séparation des vapeurs.

l'. Cannes pour le retour des liquides condensés.

m. Thermomètre.

ooo. Serpentin pour chauffer la bâche.

pp. Coupe d'un serpentin destiné à maintenir la température de la bâche.

Fig. 6. — *Coupe et élévation de l'appareil servant à la préparation des bases méthylées de l'aniline.*

A. Coupe suivant la ligne *a b*.

B. Élévation de l'autoclave.

C. Parois de l'autoclave en fonte émaillée.

DD. Soupape.

E. Manomètre.

F. Couvercle de l'autoclave fixé par les boulons GG.

Fig. 7. — *Plan de l'appareil servant à la préparation des bases méthylées de l'aniline.*

DD. Soupape.

E. Manomètre.

F. Couvercle de l'autoclave

GGG. Boulons.

H. Robinet purgeur

PLANCHE III

Fig. 8. — *Autoclave pour la préparation des méthylanilines et de la diphénylamine.*

aa. Chaudière en fonte épaisse.

bb. Chaudière en fonte émaillée destinée à protéger la première.

c. Espace compris entre les deux chaudières et dans lequel on coule du plomb.

dd. Couvercle dressé au tour et assujetti à la chaudière *aa* au moyen des boulons *ee*.

f. Tampon permettant de vider l'autoclave et de le recharger sans défaire le grand joint.

Fig. 9. — *Chaudière pour la fabrication du vert de méthylaniline avec le nitrate de méthyle.*

a. Chaudière en cuivre rouge.

b. Double fond chauffé par une circulation d'eau chaude.

e. Entrée de l'eau.

s. Sortie.

d. Dôme ou couvercle maintenu par des colonnes en fer, qui s'appuient sur le plancher supérieur AB. La jonction du dôme avec la cucurbite se fait par pression de bas en haut au moyen d'un joint en caoutchouc sans boulons. Cette pression s'exerce au moyen de deux vis latérales,

r, situées en avant et en arrière, et sur lesquelles reposent les tourillons *r'* qui supportent la partie inférieure de l'appareil. Les mouvements de ces vis permettent d'élever ou d'abaisser la cucurbite, en la séparant du dôme et de la faire avancer sur chemin de fer.

ii. Bâti portant l'appareil.

jj. Rails.

kk. Galets.

f. Cohobateur uni à l'appareil par un tube de verre,

f', assujetti aux tubes métalliques par les joints usités pour les assemblages des niveaux d'eau.

m. Disposition permettant de fixer la cucurbite.

n. Ailette de l'agitateur.

Fig. 10. — *Presse pour l'anthracène.*

aaa. Plateaux de la presse.

bbb. Marfils en tissu de laine, renfermant le mélange de naphtaline d'anthracène et d'huile (page 41).

ccc. Plateaux en tôle pouvant être chauffés à la vapeur.

ddd. Tubes articulés pour la conduite de la vapeur dans les plateaux *c*.

Fig. 11. — Croquis montrant la marche de la vapeur dans l'intérieur d'un plateau *c*; ces plateaux sont divisés par des cloisons entre lesquelles circulent la vapeur.

PLANCHE IV

Fig. 12. — *Appareil pour la fabrication des acides sulfo-conjugués de l'anthracène et de l'anthraquinone.*

aa. Chaudière en tôle servant de bain d'huile.

bb. Chaudière en fonte émaillée.

ccc. Agitateur mécanique.

dd } *d'* } Hotte en tôle et cheminée pour la conduite des vapeurs.

t. Thermomètre.

Fig. 13. — *Appareil pour la décomposition des acides sulfo-conjugués et leur transformation en alizarine.*

aa. Chaudière en tôle servant de bain d'huile, portant sur voûte et chauffée à l'air chaud.

bb. Chaudière en fonte pour la décomposition des acides sulfo-conjugués par les alcalis.

ccc. Agitateur mécanique.

dd. Couvercle mobile en tôle.

eeee. Carneaux pour la circulation de l'air chaud.

PLANCHE V

Filtre-presse, pour l'alizarine et les bleus solubles.

Fig. 14. — Élévation de l'appareil.

Fig. 15. — Plan de l'appareil.

Fig. 16. — Profil de l'appareil.

Fig. 17. — Coupe verticale d'un plateau. Le liquide filtré s'écoule par les cannelures du plateau.

Fig. 18. — Coupe horizontale d'un plateau.

a. Arrivée du liquide.

b. Robinet permettant l'introduction de l'eau froide ou chaude.

c. Robinet pour l'introduction de la vapeur.

d. Robinet permettant de vider le filtre.

e. Robinets pour l'écoulement du liquide filtré.

f. Bâche pour la réception du liquide filtré.

gg. Plateaux.

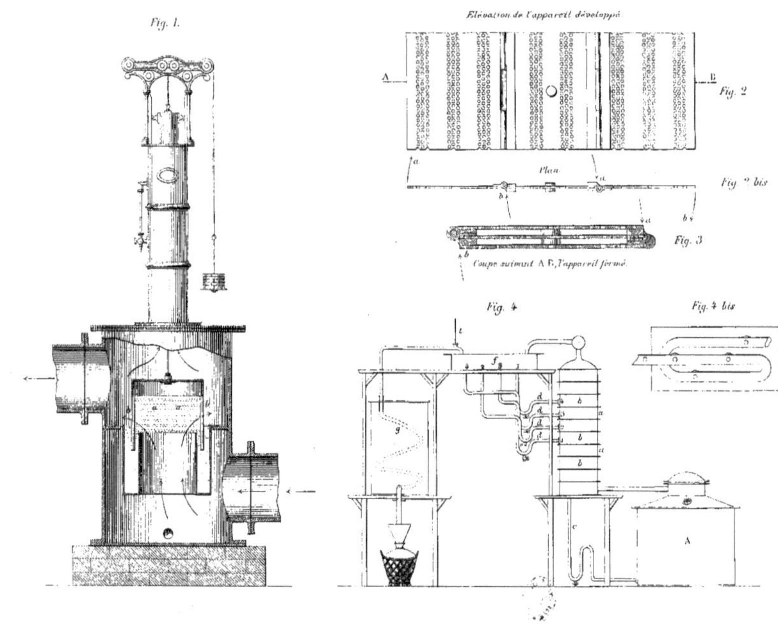

J. Poulain del.
Gravé par E. Morieu.

Librairie de G. MASSON.

Paris Lith. Becquet.

Fig. 5

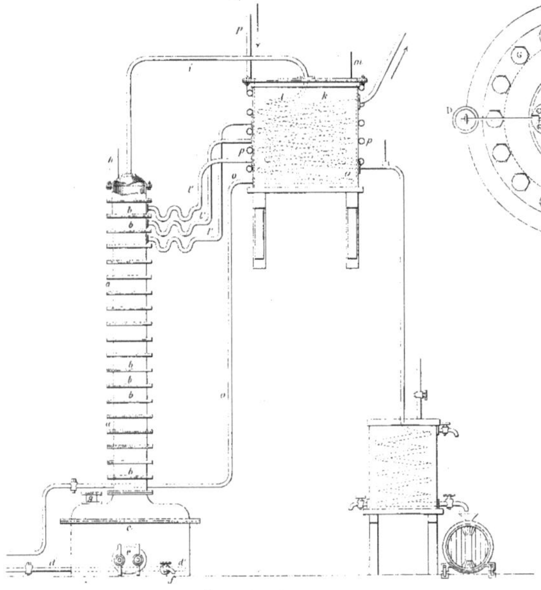

Fig. 7

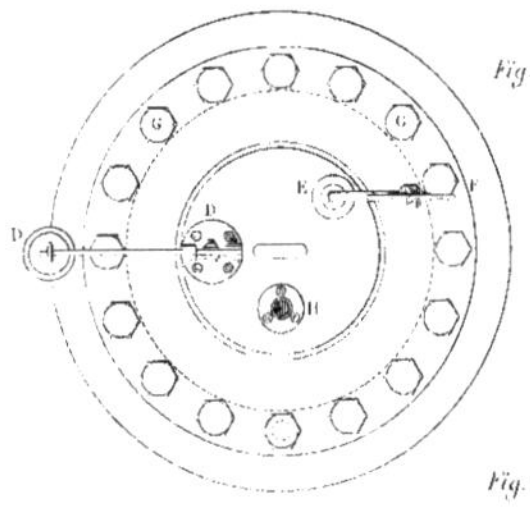

Fig. 6

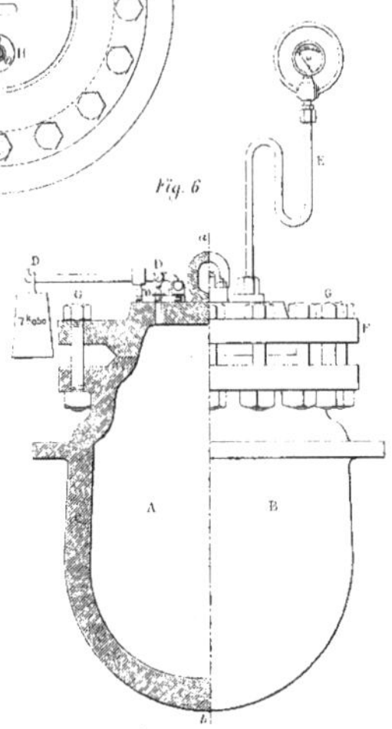

Échelle de la Fig. 5.

0 50c 1 2 3 4 5 M.

Échelle des Fig. 12 et 13.

0 1 2 3 4 5 M.

J. Poulain del.
Gravé par E. Morieu.

Librairie de G. MASSON

Paris. Lith. Becquet.

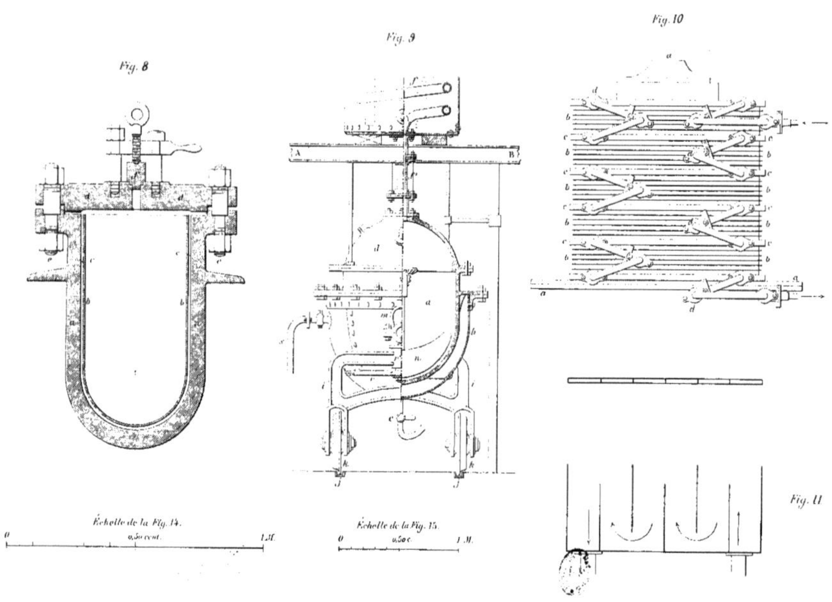

J. Poulain del.
Gravé par E. Morieu
Librairie de G. MASSON.
Paris, lith. Becquet

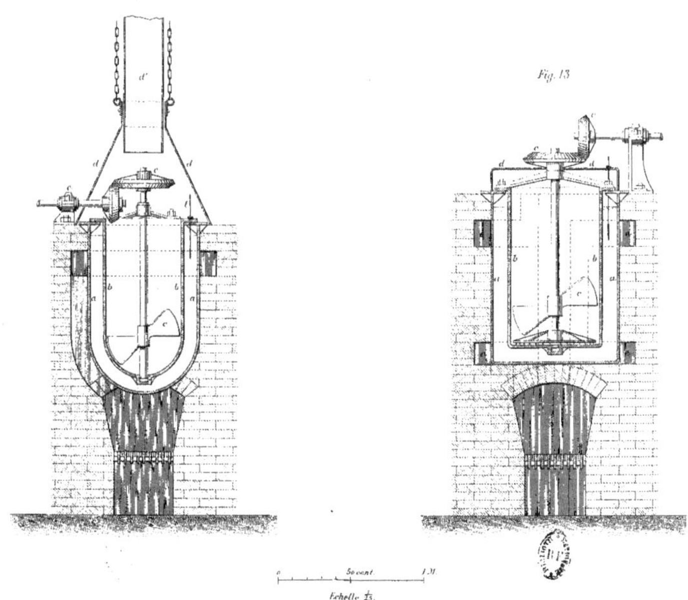

J. Poulain del.
Gravé par E. Morieu.

Librairie de G. MASSON.

Paris. Lith. Becquet.

BF

Pl. V.

Fig. 16

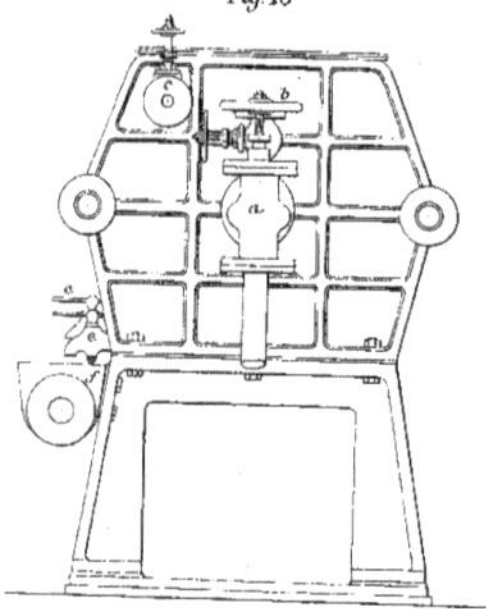

Fig. 14

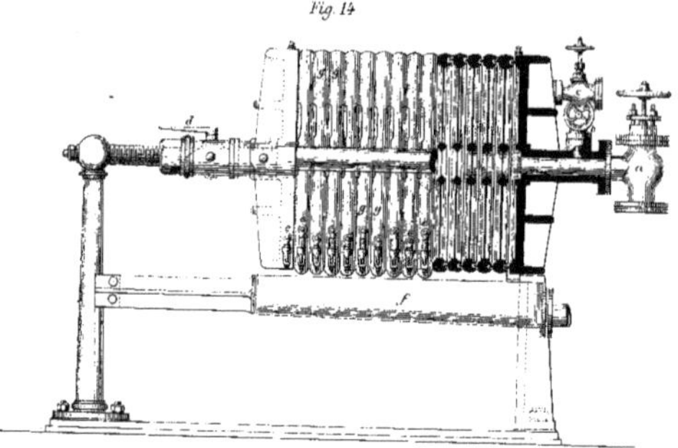

Fig. 17

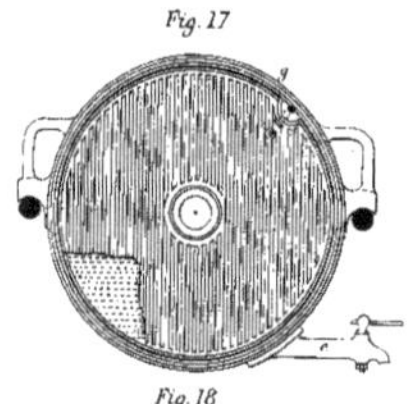

Fig. 18

Échelle de 0,050 p. 1 Mètre.

0 — 0,50 cent. — 1 M.

Fig. 15

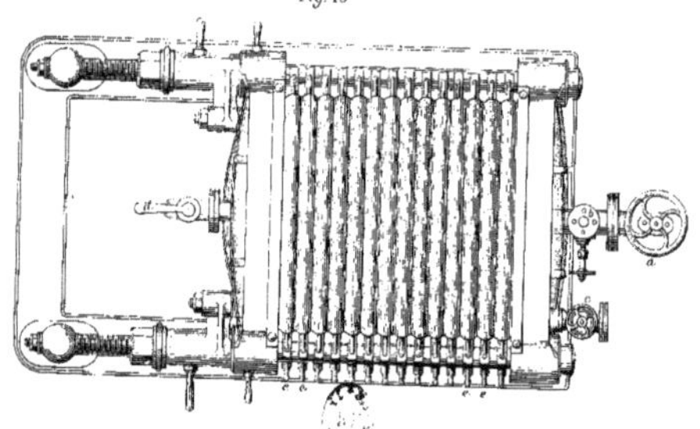

J. Poulain del.
Gravé par E. Morieu.

Librairie de G. MASSON.

Paris. Lith. Becquet.